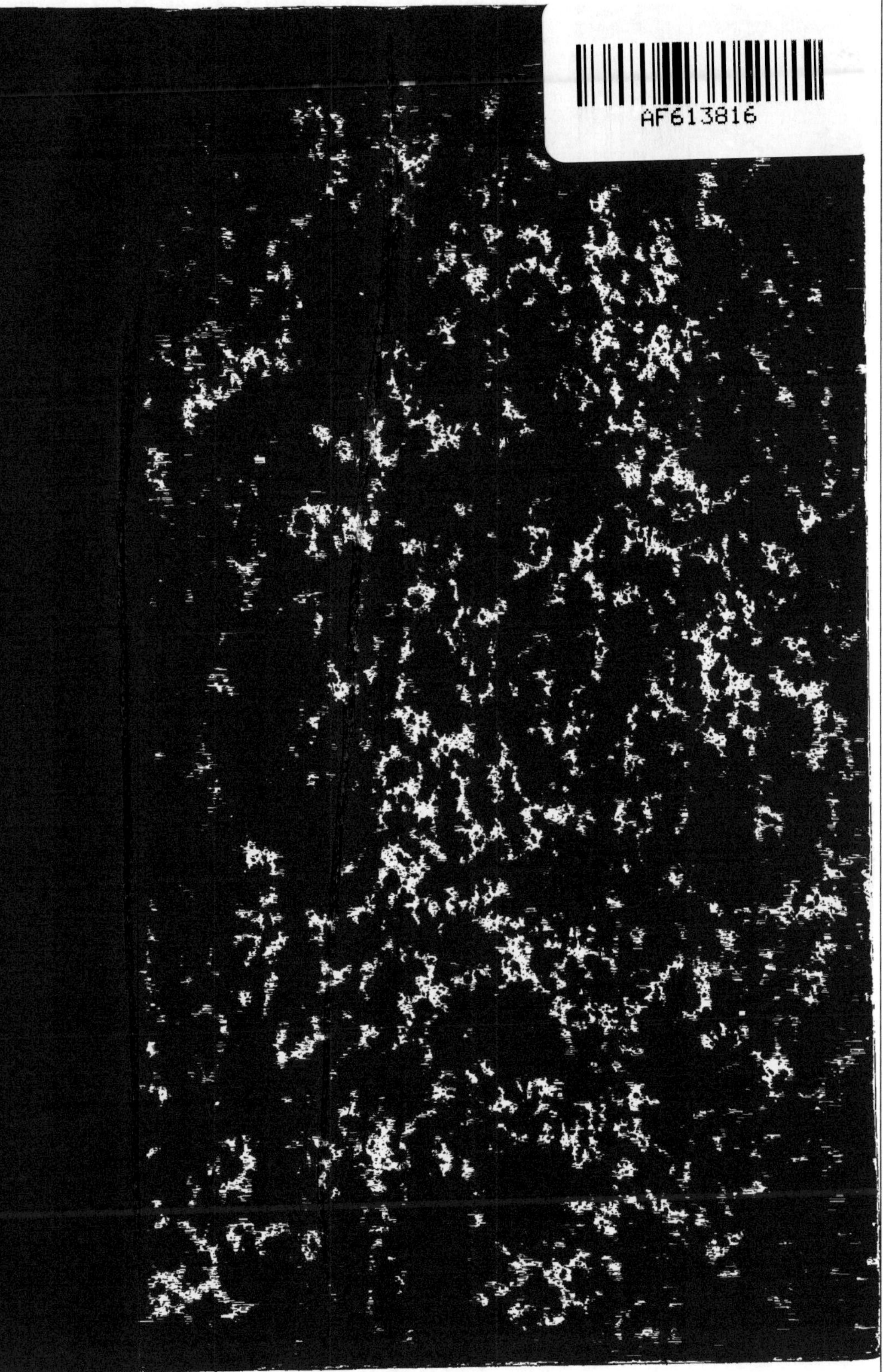

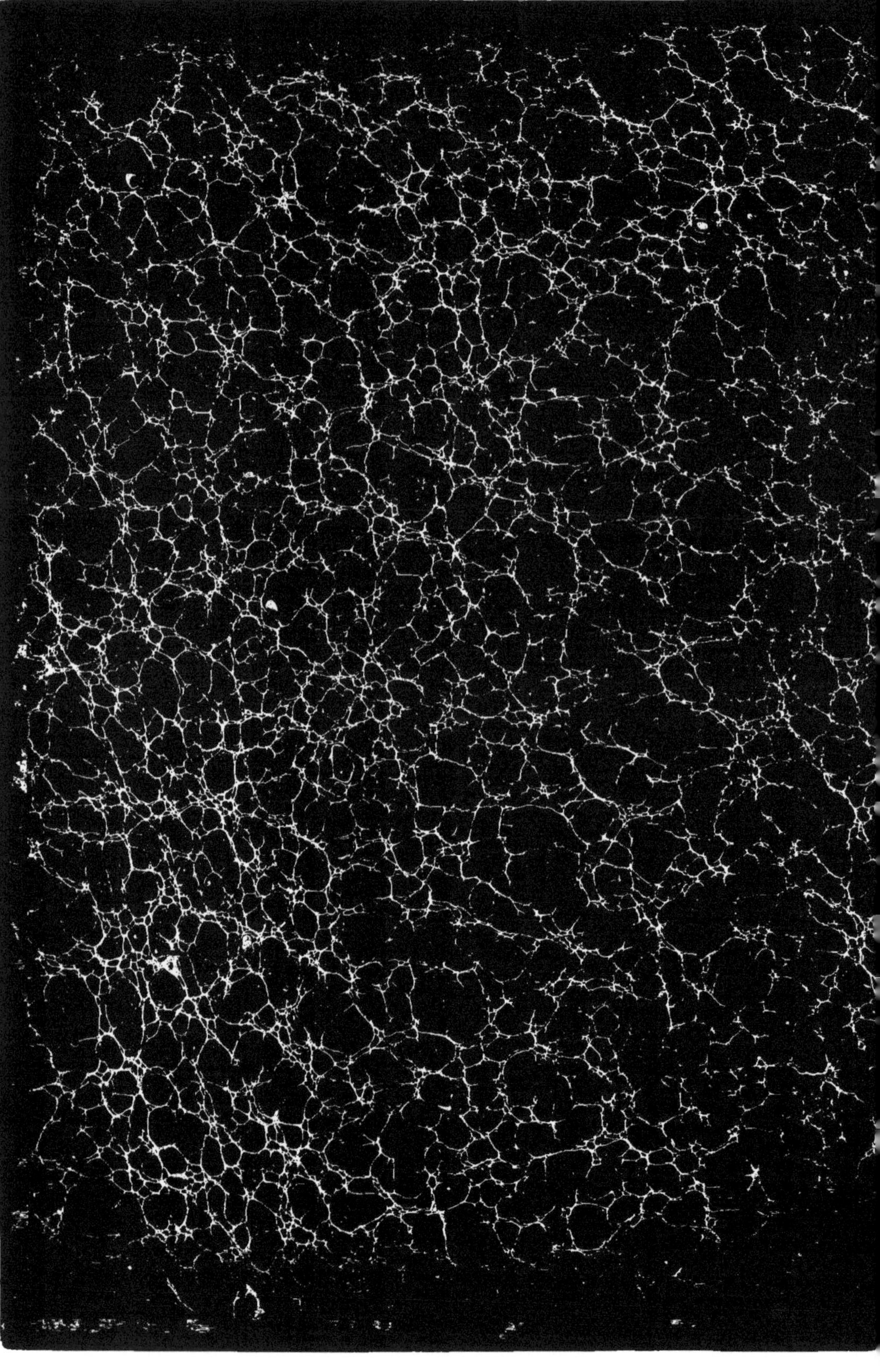

LES

PEUPLES DE LA TERRE

SÉRIE POUR PRIX D'HONNEUR

18733. — PARIS. IMPRIMERIE LAHURE
9, rue de Fleurus, 9

UN REPAS DE FIANÇAILLES EN ALSACE.

BIBLIOTHÈQUE
DES ÉCOLES ET DES FAMILLES

LES PEUPLES DE LA TERRE

PAR

CH. DELON

OUVRAGE ILLUSTRÉ DE 88 GRAVURES

PARIS
LIBRAIRIE HACHETTE ET CIE
79, BOULEVARD SAINT-GERMAIN, 79
1890

LES

PEUPLES DE LA TERRE

INTRODUCTION

Une *promenade autour du monde*, à travers hommes et choses, pour voir du pays, mais surtout pour voir du monde, des gens de toute sorte et tant qu'il en est sous le ciel, de blancs et de noirs, de jaunes et de rouges, de civilisés et de sauvages, de nus et d'habillés, voire costumés, rôtis ou gelés, gais ou tristes, sages ou fous, et plutôt fous que sages, tel est le plan du voyage pittoresque, imaginaire et réel à la fois, auquel je vous invite, jeune lecteur. Imaginaire, puisque vous n'aurez point à vous déranger de votre chaise : point de mers à sillonner, point de déserts à traverser, point de montagnes à franchir, ni souci de faim ou de soif, ni froid glacial, ni chaleur torride à subir, ni risque d'être mangés par des anthropophages; notre voyage sera réel, du moins en ce que je ne vous ferai point apparaître d'êtres fantastiques ni de scènes inventées à plaisir. Ni hommes ailés, ni géants hauts comme des montagnes, ni nains gros comme des souris : mais, simplement et consciencieusement, des hommes *tels qu'ils sont*. Et ce sera encore bien assez étonnant, parfois! Nous avons, en d'autres circonstances, visité les lieux et les objets, observé les climats, les sols divers, avec leurs productions variées, leurs plantes, leurs animaux : cette fois nous entendons faire connaissance avec nos semblables, voir des êtres raisonnables, ou qui devraient être tels, marchant sur deux pieds et parlant une langue quelconque; des hommes, en un mot. Simples voyageurs curieux que nous sommes, moyennement érudits, les questions d'origine, de *races* et d'histoire, très intéressantes, je ne le nie pas, mais fort abstraites et ardues, discutées encore parmi les savants, ne nous arrêteront pas bien longtemps. Ce qui nous préoccupera, plutôt, c'est *ce qu'on voit* quand on voyage, ce que découvrirait au premier coup d'œil, par exemple, un peintre en excursion, qui serait en même temps un observateur : les traits physiques, si variés, et le costume, surtout les mœurs et les usages, les industries et les arts, l'habitation et les moyens d'existence, les fêtes et les divertissements ; les caractères moraux, aussi, les traditions et les idées. Figurez-vous que nous nous promenons en touristes, ne nous imaginant pas tout voir, mais cueillant au passage ce qui nous semble le plus remarquable; glissant rapidement, à toute vapeur, quand rien ne nous frappe, nous arrêtant, campant, flânant, lorsqu'une chose nouvelle s'offre à nos yeux ou qu'une fantaisie nous invite, regardant beaucoup, écoutant, notant sur le carnet ce qui nous a intéressés davantage. Nous nous supposerons accompagnés d'un dessinateur extrêmement habile et preste, dont le crayon nous esquissera en un clin d'œil ce qui nous paraîtra valoir la peine d'être fixé par l'image : ressource merveilleuse, qui nous permettra de joindre à nos rapides *souvenirs et impressions de voyage* des tableaux qui en disent plus aux yeux et à l'imagination que des pages et des pages de description.

Où allons-nous? — Partout. — Notre chemin? — En zigzag. — D'où partons-nous? — De chez nous, naturellement. Plantant notre guidon de départ à Paris, nous traverserons à vol d'oiseau, au vol de l'alouette gauloise, notre beau pays, la France; de là nous passerons chez nos voisins d'Europe; ensuite nous visiterons l'antique et mystérieuse Asie, puis la noire Afrique, hier encore inconnue. La neuve et double Amérique nous montrera le phénomène de tout un monde civilisé transporté en terre naguère sauvage; aussi, afin de nous y reconnaître, nous faudra-t-il la parcourir deux fois: une fois pour rencontrer les races émigrées, une autre fois pour recenser les populations indigènes. De là, nous élançant, nous franchirons d'un coup d'aile rapide l'immense Océanie. — Ceci vous paraît-il un itinéraire suffisamment tracé, quoique bien sommaire? Écrivons-le, tel quel, sur notre feuille de route; et, comme les vrais voyageurs, laissant le reste au temps, aux aventures, à l'imprévu, à la fantaisie, sans plus nous attarder, — en route!

Cependant il est quelques notes encore qu'il nous faut inscrire sur notre carnet de voyage, sous peine de nous égarer et de ne rien comprendre à ce que nous nous proposons de voir. C'est que la distribution des diverses *races* d'hommes sur le globe est chose distincte de la structure et de la division des terres elles-mêmes : l'*ethnographie*, comme disent les savants, ne concorde pas toujours avec la *géographie*.

On entend par *race* une *variété naturelle* de l'espèce humaine, dont les *caractères*, c'est-à-dire les traits particuliers, se transmettant de père en fils à travers les siècles, sont devenus communs à des groupes de population plus ou moins nombreux. C'est, si vous voulez, quelque chose comme une *famille agrandie*, dont tous les membres, malgré les différences individuelles, portent un air de parenté reconnaissable. Ces traits de race, ces caractères distinctifs sont très divers. Ainsi, tout d'abord, la couleur de la peau, qui saute aux yeux : blanche, noire, ou jaunâtre, ou rougeâtre. On prend note aussi : de la nature des cheveux, ou lisses, droits et raides, ou souples et onduleux, ou bouclés, ou frisés en petites vrilles et *laineux*, rappelant la toison des moutons, tantôt disposés en une épaisse broussaille mêlée, tantôt en petites touffes ; de leur couleur, blonde, blond cendré ou doré, rousse, brune, châtaine, noire ; de la couleur des yeux, qui va, d'ordinaire, avec celle des cheveux ; de la barbe, rare ou épaisse. On tient compte de la taille, de la forme du visage, ovale, ou rond, ou pointu du menton et quasi triangulaire, ou en losange ; des lèvres fines ou proéminentes et lippues. Puis surtout les savants observent les *dimensions du crâne*, traits moins faciles à reconnaître du premier coup d'œil, mais que l'on peut constater même sur des individus morts et sur des races *éteintes*, disparues. — Deux de ces caractères sont surtout importants : la forme de la tête, *allongée* ou *arrondie*, ou *moyenne* entre les deux ; le profil plus ou moins *droit*, ou *fuyant*, comme on dit quand le front est incliné en façon de toit, que la mâchoire fait saillie et que les dents elles-mêmes sont penchées en avant.

En combinant tous ces signes on a fait plusieurs classifications des races d'hommes, un peu différentes selon que l'on accordait plus ou moins d'importance à tel ou tel trait, à la couleur, par exemple, ou à la forme du crâne. Sans entrer dans le détail des divisions, nous reconnaîtrons une douzaine de *types* principaux, formant chacun plusieurs *branches*. Partant de la *couleur*, nous trouverons dans la *race blanche*, caractérisée en outre par l'ovale régulier du visage, les cheveux blonds, bruns ou noirs, fins et souples, ondulés ou bouclés[1], les yeux fendus droits et bien ouverts, bleus ou bruns, gris ou noirs, la seule race dans laquelle on puisse rencontrer le type de la pure et parfaite beauté, deux *familles* principales à citer : celles des *Aryens*, à laquelle nous nous rattachons, qui s'étend en Europe et en Asie ; celle des *Syro-Arabes* (parfois dits *Sémites*), habitant certaines parties de l'Asie méridionale et du nord de l'Afrique. — Parmi les *jaunes*, nous reconnaîtrons la race *Mongolique*, qui occupe presque tout le nord et l'est de l'Asie, à laquelle appartiennent les Turcs, les Chinois, les Japonais, les Sibé-

1. Voir le dessin page 4.

riens, etc. — Les races *Arctiques*, c'est-à-dire les habitants de l'extrême Nord, Lapons, Samoyèdes, Esquimaux, s'en rapprochent beaucoup. Les races *Américaines*, encore mal connues, paraissent appartenir aussi au groupe mongolique. Parmi les races noires, on compte les *Nègres* d'Afrique, proprement dits, les *Nubiens*, avec les *Bontous*, les *Cafres*; les *Hottentots*, également africains; les *Malais*, les *Papous*, habitants des îles de l'Océanie; enfin citons la race *Australienne*, très distincte des autres.

Ces simples notions peuvent nous suffire, à une condition toutefois : c'est de ne pas oublier que les races d'hommes ne sont pas chacune à part confinées, *parquées* pour ainsi dire dans une certaine étendue de pays coupée net à une frontière. Au contraire, depuis les siècles, il y a eu, entre les populations d'origine différente, beaucoup de mélange, *à peu près partout*, et surtout, comme il est naturel, vers la limite des espaces qu'elles occupent. Ces gens de race mêlée sont souvent qualifiés de *métis*; quand il s'agit de nègres et de blancs, les hommes de teinte intermédiaire sont appelés *mulâtres*.

Pour finir, ajoutons encore quelques chiffres, à titre de curiosités. On estime à un milliard et demi la population du globe, et les hommes de race jaune en font à eux seuls environ le tiers. On a calculé qu'il naît à peu près un homme chaque seconde. Les savants ont compté quatre mille langues diverses actuellement parlées, et mille religions différentes.

EUROPE

PARISIENS ET FRANÇAIS

Qu'ils le veuillent ou ne le veuillent pas, quoi qu'ils objectent ou prétendent, s'il faut absolument chercher une capitale au monde civilisé, ce ne peut pas être Londres « qui n'est qu'un comptoir », ni Berlin qui n'est qu'une école militaire, ni Constantinople qui n'est qu'un bazar, ni Saint-Pétersbourg sans passé, ni Vienne sans avenir, ni Madrid l'isolée, ni Rome la déchue.... Alors il faut bien que ce soit Paris. — En un sens, notre capitale appartient à l'Europe et au monde entier. Mais elle nous appartient bien plus encore, n'est-ce pas, à nous autres Français. « Qui aime la France, aime Paris. Qui ne connaît Paris, ignore la France. Pourquoi ? Parce que Paris, c'est la France. — Et quand je dis : Paris résume la France, j'entends tout simplement énoncer un fait, un fait matériel, à traduire en chiffres. J'aurais pu dire autrement : « La population de la capitale est composée d'éléments originaires de toutes les parties de notre territoire.» Ou bien encore : « Paris est fait de province! » — C'est la même chose.

« Ah ! vous ne saviez pas cela, vous, peut-être, qu'il n'y a pour ainsi dire pas de Parisiens à Paris ? — j'entends Parisiens de race, de père en fils, depuis une couple de siècles, par exemple. — Nous nous rencontrons sur le trottoir, travailleurs ou commerçants, artistes, hommes de lettres ou hommes de science : « D'où donc êtes-vous ? — Moi, je suis de Marseille. — Et moi de Lille. — Et moi de Montpellier. — Et moi de Saint-Malo. » — Français du nord et du midi, en se serrant la main, se regardent au visage, et se reconnaissent frères. Normands sérieux, vifs Provençaux, francs Bourguignons, Bretons rêveurs ici se croisent, se mêlent ; de ces esprits divers, de ces tempéraments en contraste, une sorte de moyenne se fait, qu'on peut bien appeler l'esprit français, le tempérament français. Paris est le brûlant creuset où tous ces éléments se fondent en un alliage.

« Moyenne ? alliage? ai-je dit. N'y a-t-il que cela, vraiment ? Oh, si : il y a quelque chose en outre. Il y a l'excitation mutuelle, la fermentation des idées mises en commun, la chaleur qui se dégage de la combinaison des éléments opposés, l'étincelle qui jaillit du frottement. Il y a ce grand mouvement, ce courant irrésistible de vie, de pensée et de production, qui soulève et qui entraîne, qui vous force d'être, de penser et d'agir[1].»

En province, parmi ceux qui n'ont jamais vu la grande ville ou ne l'ont vue qu'en passant, on se fait trop souvent de Paris une idée très fausse : « ville de luxe effréné et de plaisir, dit-on, pleine d'entraînements mauvais, de vices; en un mot, l'*auberge du monde* !... » — Laissons à nos ennemis d'outre-Rhin ces calomnies inventées contre nous. Évidemment il y a à Paris un grand luxe, et c'est ce qui se voit tout de suite; mais il y a autre chose aussi, et c'est ce qu'on ne voit qu'en y regardant. L'étranger passe, et tout exprès, en certains lieux, à certaines heures, en tel coin brillant du boulevard, croise la foule flâneuse de quelques milliers d'oisifs riches, venus de tous les coins de la province et du continent, qui s'y donnent rendez-vous pour leurs plaisirs, perdent leur temps, jettent leur or; il remarque des toilettes luxueuses ou excentriques, s'imagine un carnaval qui durerait toute l'année et croit avoir vu Paris.... — Mais parcourez donc, vous, l'ensemble de la ville, la masse compacte des quartiers ; traversez les rues : partout vous rencontrez des gens sérieux, affairés, marchant d'un pas pressé. Ce monde-là ne flâne guère, allez, si ce n'est le dimanche, en famille, le long des trottoirs. Et alors vous avez compris « Paris chez lui ». La comparaison familière se présente tout de suite à votre esprit d'un vaste établisse-

1. C. Delon, *Notre Capitale Paris*.

ment de fabrication; aux vitres, l'étalage, les bibelots dorés sous les lumières; derrière, l'atelier. — Paris est, en effet, par excellence, la cité travailleuse; un atelier immense, une forge prodigieuse, toujours embrasée et toujours haletante : nulle part au monde on ne laboure, on ne pioche, et chacun à sa façon, comme ici. Il y a de grandes usines; mais l'industrie la plus importante, celle qui fait vivre le plus grand nombre de Parisiens, c'est l'industrie infiniment divisée des travaux d'art et de luxe : bronzes, bijoux, meubles, livres, instruments; surtout ces petits objets d'une fantaisie élégante qui se répandent dans le monde entier sous le nom d'*articles de Paris*, et que l'étranger s'efforce, mais en vain, de contrefaire. Pour vivre de cela, voyez-vous, il faut une ingéniosité infinie et une extrême activité.

Le Parisien a les qualités et les défauts du Français, en général : j'ai dit pourquoi. Ainsi donc, mes amis de province, si vous dites du mal de nous autres,... attention : cela vous retombe d'aplomb sur la tête! Généralement bienveillant, très répandu, un peu léger, un peu gouailleur, assez causeur, — il tient ceci du Midi; — très affairé, d'autre part, chercheur et persévérant, — cela lui vient du Nord; — l'esprit vif, l'intelligence ouverte à toute chose, — c'est l'effet du frottement et de la concurrence; — surmené de travail et de préoccupations, il éprouve un besoin inouï de distraction et de détente : la moindre chose lui est un prétexte pour un moment de curiosité et d'oubli; c'est ce qu'on appelle la *badauderie* parisienne.

Quant aux mœurs, ce qu'il est juste de dire, c'est que, de toutes les grandes capitales, Paris est encore celle où l'esprit de famille s'est le mieux conservé, avec la tendresse pour les enfants et le pieux souvenir des morts. — Et puis un trait encore: de toutes les villes du monde, c'est la ville *où l'on donne le plus*. Ceci dit quelque chose, il me semble!

Des coutumes locales, rien à dire: puisque Paris n'est pas *une localité*. Du costume, rien non plus. Tout l'univers le connaît, le costume parisien, puisqu'il le copie; puisque c'est devenu l'uniforme civilisé universel, la tenue de toutes les villes de province, et aussi des villes étrangères, où tout ce qui s'intitule *la société* imite, calque la société parisienne, parfois tout en la dénigrant avec fureur, ce qui est, alors, un trait de haute comédie! Comment notre vêtement masculin, laid, triste, noir, incommode, dépourvu de toute grâce, de toute variété, de tout caractère, non seulement a pu se maintenir chez nous avec acharnement, mais s'imposer partout, quand tout le monde est d'accord pour le trouver absurde, je ne me charge pas de l'expliquer. Et, quant aux modes féminines, variables du jour au lendemain, et si inopinément que le monde entier, qui les attend pour s'y conformer, arrive toujours en retard, et les prend quand Paris les laisse,... ce n'est pas affaire à moi d'en parler. Tout ce que je veux dire, c'est que la gentille ménagère parisienne, femme de petit employé ou de modeste commerçant, si simple chez elle et si proprette en son intérieur, ingénieusement économe, a un art inné, instinctif, inimitable, pour s'habiller avec rien, chiffonner elle-même une étoffe, un ruban, un je ne sais quoi, avec je ne sais quelle fantaisie élégante qui la font parée à peu de frais. — Une conséquence de ceci, c'est que, toutes les villes s'efforçant d'imiter Paris dans les usages et le costume, la diversité provinciale de plus en plus disparaît sous une ennuyeuse uniformité. C'est pourquoi, si nous voulons rencontrer en France quelques traits originaux, une physionomie *locale*, des costumes curieux, des usages remarquables, nous serons forcés d'aller les chercher dans les provinces les plus lointaines, dans les campagnes les plus reculées.

La vraie gloire de Paris, c'est la science, c'est l'art. De tous les coins de la province savants et artistes, hommes d'étude, sont contraints d'y affluer, pour se rencontrer entre eux, pour chercher des enseignements et des moyens qu'on ne trouve pas ailleurs. Là sont les grandes écoles, les musées, les collections, les riches bibliothèques, les grands théâtres. Les ateliers des artistes, peintres ou sculpteurs, les salons des littérateurs sont des lieux de rendez-vous où tous les arts se réunissent, où toutes les questions se discutent, où les idées s'échangent. C'est le seul pays où un livre nouvellement publié, une symphonie qu'on vient d'exécuter, un tableau exposé, une statue produite, sont des événements publics qui agitent les esprits, émeuvent les âmes, passionnent, préoccupent, comme ailleurs une grosse affaire où sont en jeu de grands intérêts matériels.

LA CAMPAGNE PARISIENNE

La campagne des environs de Paris n'est pas la campagne des champs, c'est celle des jardins. Si elle n'est pas belle comme la grande nature sauvage, elle est admirablement jolie par endroits. Si elle a trop de maisons, de villages, trop de villas et de murs, elle a aussi de beaux arbres, des bois, des étangs ; les jardins mêmes, par les longues grilles, laissent voir leurs pelouses et leurs fleurs, ou tout au moins dressent par-dessus les clôtures leurs massifs touffus, pleins de nids, et font déborder leurs guirlandes pendantes de rosiers, de vignes folles et de clématites. Les maisons ont l'air gai, vues entre les branches. A Meudon, à Sèvres, à Saint-Cloud, au printemps et tout l'été, le pays est une corbeille de fleurs. — Dès qu'on a quitté la grande

ATELIER D'UN PEINTRE A PARIS.

route poudreuse ou la rue pavée du village, commencent les maisonnettes et les jardinets d'où la brise vous apporte des odeurs de roses, de giroflées ou de violettes. Les artistes savent bien aussi qu'il n'y a qu'à s'enfoncer un peu dans les bois de Vincennes ou de Meudon, dans les parties écartées du parc de Saint-Cloud, pour rencontrer des endroits solitaires, inconnus de la foule, de petits coins très sylvestres et d'une poésie charmante. Les bords de la Seine avec leurs eaux calmes, luisantes, et leurs îles de verdure, sont très aimés des peintres; les rives de la Marne, sous la côte verdoyante de Charenton, ne sont pas moins gracieuses. La vallée de la Bièvre, les coteaux de Sceaux et de Fontenay-aux-Roses, offrent des promenades pleines d'attrait.

A l'été, les châteaux, chalets et maisonnettes de la banlieue, vides et les volets clos durant toute la mauvaise saison, s'ouvrent, se réveillent, s'animent: c'est la *colonie* des bourgeois opulents ou tout au moins aisés de la grande ville, dont les familles reviennent occuper les campagnes reverdies. Chaque villa se remplit de bruits joyeux; entre les touffes d'arbrisseaux, derrière les grilles, on voit passer de jolies jeunes filles en gracieux costumes printaniers, et s'ébattre parmi les pelouses de beaux enfants aux riches chevelures. Le soir, les vitres éclairées brillent à travers les arbres; les fenêtres entr'ouvertes laissent entendre des sons de piano, des échos de chants ou d'éclats de rire. — Le dimanche, autres tableaux. Ce jour-là, c'est toute la population travailleuse, ouvriers, petits commerçants, petits employés, qui déborde à son tour des remparts et se répand par les champs et les bois, envahit les villages. On vient par bandes bruyantes, ou bien en famille; on débarque des trains, des bateaux, des voitures, avec des paniers de provisions; on s'en retournera avec des bouquets énormes de feuillage et de fleurs rustiques. Au bois de Meudon, au bois de Vincennes, sur les berges ombreuses de la Marne, on s'assied dans l'herbe; on étale une serviette, on dresse le couvert sans assiettes, on se passe de main en main l'unique gobelet, on mord à belles dents le gâteau; simple dînette, assaisonnée d'appétit, dévorée jusqu'à la dernière miette, égayée des rires des enfants qui se roulent sur la mousse ou se poursuivent entre les arbres, des chansons des femmes et des jeunes filles; tandis que la silencieuse tribu des pêcheurs à la ligne, immobiles comme des hérons le long des berges, mérite le ciel par la foi et l'espérance....

A la brune, tout le monde s'en revient gaiement; la bousculade est aux gares, aux embarcadères; on s'empile dans les wagons, on s'écrase dans les bateaux, mais n'importe; contents tout de même! Et les braves gens, toute la semaine courbés sur l'établi ou penchés sur les registres, les femmes prisonnières du ménage et les pauvres enfants, six jours enfermés dans d'obscures maisons et de sévères écoles, auront eu, du moins, eux aussi, leur envolée aux champs, leur bouffée d'air pur, leurs heures de paradis.

LES MARINIERS DE LA SEINE

C'est toujours un pittoresque spectacle, parfois très gracieux et mystérieusement émouvant, de voir, sur les eaux tranquilles d'un canal, au milieu d'une nature agreste, entre les berges verdoyantes et le double rideau des peupliers, glisser doucement, silencieusement, laissant à peine une ride, la lourde barque chargée jusqu'au bord, et presque affleurant la surface liquide, qu'une seule vague comme celles de la mer remplirait et ferait couler en un instant. Deux forts chevaux, marchant à pas lents sur le chemin de halage, tirent obliquement le chaland au moyen d'un long câble; un homme les conduit et les excite; le timonier, dans le bateau, pousse la barre du gouvernail, parfois s'y assied, les jambes arc-boutées contre les marches saillantes de sa passerelle; deux ou trois bateliers sont là, prêts à aider à la manœuvre avec leurs perches et leurs gaffes, leurs avirons.

Singulière existence que celle du *marinier*! Toujours en voyage, jamais pressé d'arriver, il coule sa vie sur l'eau sans s'éloigner de la terre. Le *marin d'eau douce* n'a point de maison sur le sol ferme; il n'habite aucun pays.... Il passe de fleuve en fleuve et de canal en canal; il franchit les grandes villes, le long des quais, sous les ponts, entrevoit à la traversée les hautes maisons, les palais, la foule affairée, mouvante,... puis le voilà revenu aux lieux agrestes, dans les vastes plaines herbeuses, parmi les champs où les moissons ondulent, ou bien aux solitudes des défilés rocheux, vers les *seuils* de passage et la ligne de séparation des eaux. Son domaine est plus spécialement la région centrale et les bassins de la Seine et de la Somme, où le réseau des canaux est plus serré; mais au besoin il fera son tour de France, lentement, d'écluse en écluse, sans hâte comme sans regret : il emporte tout avec lui. Voyez, à l'arrière de la barque, la petite cabine de bois avec sa porte, sa fenêtre, son tuyau de poêle : c'est le foyer errant du batelier, la maisonnette du *patron*. La femme et les enfants y demeurent; la *marinière* y fait la cuisine pour ses hommes, surveille ses petits, range son ménage, lave, étend son linge à sécher sur des cordes; puis elle s'assied à sa porte, cousant ou tricotant. Ont-ils quelque aisance, la baraque est bien peinte et coquette; il y a des fleurs aux fenêtres et parfois un tout petit jardinet à côté, un jardin flottant, un parterre qui se promène. — Un beau soir d'été, sur le canal de la Rance, près de Dinan, en Bretagne, je vis passer ainsi une petite arche toute fleurie. Devant la porte encadrée de volubilis et de capucines, une jeune femme debout, adossée à la cabine, portait un enfançon endormi sur son bras, et, tranquille, regardait fuir, dans la transparence du crépuscule, avec ce mouvement égal et lent qui berce la pensée, les berges ombreuses, les saules, les grands arbres, le beau paysage, nouveau pour elle, et qui, changeant à chaque détour, disparaissait pour ne plus jamais sans doute repasser devant ses yeux ; son homme, à la barre, chantonnait à demi-voix un refrain populaire en patois méridional :

L'agnel qué m'aï dounat
S'en es anat
Païsé din lo prado.. .

Je crus voir là le rêve de la vie paisible à travers les choses et les heures qui s'en vont et ne reviennent plus.... Existence combien différente de celle du marin, du vrai marin de la mer, sur son rapide et puissant navire de haut bord, luttant, à force d'énergie tendue, de science, d'audace, contre les vents et les flots, traçant, comme une ceinture, son victorieux sillage autour du monde; mais éternellement battu des lames, éternellement absent des siens, et roulant sous les étoiles, dans ses veilles perdues, d'inquiètes pensées....

HERBAGERS NORMANDS

« *Nein fait, on ne l'y prendra pouint* », mon bonhomme de paysan normand, — j'entends le vrai Normand de la vraie Normandie, car le Cotentin granitique est à moitié Bretagne ; — on ne l'y prendra point à mettre son argent, son bon argent sonnant sur les navires du Havre ou dans les affaires de Paris ; il aime trop la terre, sa terre, la grasse terre normande qui porte à foison les épis, les pommiers et les plantureux herbages : il achètera de la terre, et s'en fera un bon rapport. Le cultivateur normand est par-dessus tout l'homme du sol, raisonnable, prudent, fin; sage, c'est-à-dire économe, aimant l'aisance et l'abondance. Si quelques-uns, dit-on, sont plus que de raison intéressés, chicaniers, amateurs de procès,... mauvais point pour ceux-là !... mais quant à ceux qui sont seulement attentifs à leurs légitimes bénéfices, produit de leur travail, qui pourrait les blâmer ? — Selon les régions, le paysan est laboureur, mais surtout et de préférence « herbager, » éleveur de chevaux, nourrisseur de bœufs et de vaches, laitier et *beurrier*, fromager. Heureux homme! il n'a guère qu'à laisser faire la pluie et le soleil; l'herbe pousse, le bœuf engraisse, les ruisseaux de lait coulent. L'aisance et la propreté sont partout, dans les hameaux et les villages, bâtis, en Basse-Normandie, c'est-à-dire au Pays d'Auge, à mi-pente des vallons, entre les haies d'aubépine et les riches vergers, en Haute-Normandie, au Pays de Caux, souvent perchés sur les croupes des collines et entourés de bouquets de grands arbres qui les défendent contre le vent. Autrefois vous rencontriez nos éleveurs sur les routes, en bons gros vêtements de drap gris-bleu, souliers ferrés, lourds bâtons à la main, et sur la tête un blanc bonnet de coton, qui les faisait tous ressembler à des meuniers; en traversant les villages, sur le pas de leur porte, vous voyiez les ménagères cauchoises, « couronnées » du même fameux « casque à mèche », — coiffure peu gracieuse sur un front féminin, et manquant absolument de poésie.... Maintenant cette mode se perd, ce n'est pas grand dommage; les femmes d'abord, puis les hommes à leur suite, ont presque partout laissé le bonnet de coton au fond de l'armoire. Aux jours de dimanches et de fêtes, ce sont des coiffes de fin lin et de dentelles, hautes, ornées de voiles pendants, parfois très riches chez les paysannes aisées, représentant, dit-on, ces triomphants *hennins* du moyen âge que les princesses et les grandes dames portaient ès cours de France et de Bourgogne, et que l'on nomme *coiffes cauchoises*, quoiqu'on en porte peu maintenant au Pays de Caux.

Le Normand est quasi en toute chose de tempérament et de mœurs l'opposé du Breton son voisin; l'un positif autant que l'autre est rêveur, l'un tout Latin, comme l'autre est tout Gaulois, de langue et de caractère. La Normandie a toujours passé pour un pays instruit, un pays de *sapience*, comme on disait autrefois, instruit surtout en fait de lois et plaidoiries, d'abondant et disert langage: « la mère des avocats et des prédicateurs ». Le patois de ses campagnes ressemble de plus près au latin, souche commune, que le français lui-même. C'est là, par exemple, vers le nord, qu'un champ se dit encore un *camp*, — du latin *campus*; qu'un chat est un *cat* (*catus*), un chien un *cain* (*canis*); que le garçon de ferme *attaque* (attache) sa *vaque* (vache) au *car* (char, charrette)... Curieux patois, qui se perd aussi comme tous les patois, depuis que l'école primaire fait parler à tous les enfants le français, mais non sans accent de terroir. — Les fêtes populaires, dans la campagne, sont les grandes foires au bétail, accompagnées d'*assemblées* joyeuses et confuses, où les boutiques foraines, les jeux forains, les charlatans, les saltimbanques avec leur affreuse musique, le bruit, la foule, la cuisine en plein air aux âcres senteurs de charcuterie rissolante, font la joie, la grosse joie à laquelle les chopines de cidre pétillant ajoutent une pointe de malice. Car avec l'herbe grasse, les lourds et planturcux pommiers sont la

EN NORMANDIE.

richesse du terroir : la Normandie est par excellence le pays de la pomme et du cidre, la liqueur ambrée et fougueuse des pays sans vin. Avec la pomme le Normand fait son automne, comme le Bourguignon ou le Provençal avec la grappe. Mais la récolte, le *gaulage* des pommiers dont on abat les fruits avec de longues gaules, qui se fait par les temps gris, pluvieux et déjà froids, vers octobre ou même plus tard, n'a rien de l'animation, de la gaieté et de la

Granvillaise.

poésie des heureuses vendanges, sous le brûlant soleil, parmi les pampres dorés et pourprés, le long des côtes vineuses.

Le Cotentin se rapproche déjà de la Bretagne, par la nature du sol ; par le costume aussi. C'est un pays de mélange. Les femmes de la côte sont vaillantes pêcheuses ; la jolie Granvillaise a su se faire, avec la robe parisienne, le manteau normand, la coiffe bretonne, un ensemble demi-urbain, demi-rustique, qui ne manque ni d'élégance ni d'harmonie.

PÊCHEUSES DE LA COTE DU COTENTIN.

LES PÊCHEURS DE LA COTE NORMANDE

Toute faite de pierre à chaux blanche, tendre et friable, taillée aux bords à grands pans de falaises comme des murs de trois cents pieds de haut crénelés au sommet, dont la mer bat et ronge la base, avec des vallées de distance en distance, qui, descendant à la mer, font une brèche dans le long rempart continu : telle est la côte normande de la Seine à la Somme, du Havre à Saint-Valery. Sur la haute terrasse, une herbe rase, que l'été jaunit ; au pied, la grève de *galets* ou de rochers déchiquetés, que la marée couvre et découvre deux fois par jour ; au delà, la mer immense, plus souvent glauque que bleue, agitée, avec des vagues qui *moutonnent*, et l'horizon gris, sous les brumes, du côté de l'Angleterre. Entre la terre et la mer, la communication est difficile. Du haut de la falaise, vous voyez, en vous penchant, la plage ou les vagues à une distance verticale de cinquante ou cent mètres ; un caillou que vous jetez d'en haut arrive en bas en trois secondes. Mais il n'y a ni sentier ni escalier ; et pour arriver à ce lieu perpendiculairement situé au-dessous de vous, il faut faire, souvent, deux ou trois lieues de détours. Aussi les cultivateurs du plateau et les pêcheurs de la plage se rencontrent-ils rarement ; ils ont leur vie à part.

Chaque *valleuse* ou petite vallée, chaque brèche faite à ce mur et qui donne accès vers la mer, protège dans la baie qu'elle forme une ville comme Dieppe ou Fécamp, ou tout au moins un petit port de pêcheurs. Les riverains de cette côte sont hardis marins, excellents bateliers. Ceux de Dieppe surtout sont célèbres dans l'histoire ; connus sur toutes les mers, ils auraient, dit-on, longtemps avant Christophe Colomb, découvert l'Amérique : « mais ils en gardèrent si bien le secret, qu'ils en perdirent la gloire ». Aujourd'hui encore ils sont réputés parmi les meilleurs matelots. Mais la plupart, pour ne pas s'éloigner de leur cabane et de leur famille, préfèrent le dur métier de la pêche ; dur, et dangereux aussi, sur cette mer agitée et brumeuse de la Manche ! Ils passent plusieurs jours et plusieurs nuits *dehors*, comme ils disent, c'est-à-dire en pleine mer, sur leurs grosses barques ; ils vont jusque dans la mer du Nord ou près des côtes d'Angleterre, et viennent rapporter au port le poisson. Le costume, pour une telle vie, est simple et grossier. Le pêcheur est revêtu d'un pantalon en toile *cirée*, imperméable à l'eau, d'une *vareuse* de drap épais ou de tricot, avec un chapeau à larges bords, raide, de toile cirée dure comme du bois et qu'il nomme son *suroit*. Il va souvent pieds nus, sur la

PÊCHEURS DE LA CÔTE DE DIEPPE.

grève et dans la barque. — La femme, aussi vaillante que l'homme, dont elle partage la rude existence et les dangers, est habillée d'une façon tout aussi simple. Des jupons de laine bise, un corsage à manches étroites et collant, par-dessus, une sorte de veston sans manches, parfois taillé par elle-même dans une vieille veste du mari : c'est avec cela que la courageuse créature affronte le vent aigre du large et l'embrun salé des vagues, quand elle tient la barre de la barque, ou tire à bord les filets ruisselants, la longue *ligne* à hameçons, pour recueillir le poisson qui frétille. Souvent aussi, le long de la grève, à marée basse, elle s'en va pêcher avec son *havenais* (petit filet en forme de poche monté d'un cercle et d'un long manche de bois), pieds nus et dans l'eau jusqu'à mi-jambes, les *crevettes* et les *crabes*.

Cette mer dont ils vivent, quoique bien dure pour eux et pleine de dangers, ils l'aiment comme une patrie, ces gens *sans terre*, qui n'ont pas à eux un coin de champ, ni un arbre, ni une motte d'herbe, mais tout au plus, comme les mouettes de leurs rivages, un rocher sec pour mettre le pied. Les petits enfants courent jambes nues sur le galet, entrent dans l'eau jusqu'aux genoux, cherchant des coquillages le long du flot. Avant sept ou huit ans, la passion de la mer les prend; on ne peut pas les empêcher de s'emparer des petits bateaux, de dérober des avirons, de battre l'eau le long des quais, parmi les barques, malgré les cris des mères et les jurons des matelots.... Mais quoi? qui n'a pas commencé de la sorte ne sera jamais *marin*. Et qui une fois l'a été ne pourra plus s'en tirer jamais. — Vous voyez là, errants sur leurs plages, de pauvres vieux tout blancs, tout cassés d'âge et d'avoir été tant roulés par la lame ; ils passent leurs derniers jours à regarder le large, à nommer les voiles qui vont et viennent. Ils tournent autour des bateaux qui accostent, se mêlent aux enfants; ils gourmandent ou encouragent les jeunes matelots, regardent chaque panier de poisson qu'on débarque, et disent que, de leur temps, la pêche était meilleure.

Quand elles ont fait leur temps aussi, labouré les vagues pendant un demi-siècle, cent fois *radoubées* et *ragréées*, toutes disloquées à la fin et ne pouvant plus tenir la mer, les pauvres vieilles barques, si elles ont échappé au naufrage, finissent par s'échouer à terre. On les tire hors de l'eau, on abrite la triste épave dans un coin de falaise, tout contre les cabanes. La grosse et lourde coque, sans mâts ni cordages, rasée comme un ponton et à moitié ensablée, rendra encore des services à ceux qu'elle a si longtemps bercés. On ouvre dans ses flancs noirs de goudron une porte et d'étroites fenêtres, on lui fait un toit de chaume, et la voilà devenue un magasin pour ramasser les filets, les cordages, les avirons, les ancres et tout le matériel de pêche. Parfois même c'est une *maison* : il y a sur nos côtes normandes plus d'une famille de pauvres pêcheurs qui n'ont pas d'autre abri.

JARDINS DE LA LOIRE

La vallée de la Loire moyenne, après Orléans et avant Angers, région centrale et bien abritée, la *Touraine*, avec les plaines environnantes, a été appelée le *Jardin de la France*.

Terre molle et plantureuse, engraissée du limon du fleuve, jadis pays de châteaux royaux et de riches abbayes, et qui a conservé la physionomie des temps disparus, ce « pays du rire et du rien faire », patrie du rieur Rabelais, a, dit-on, une population qui lui ressemble. Avec un climat très doux, un peu humide, une verdure toujours fraîche, des eaux paisibles où se mirent les tourelles, des rideaux de peupliers et de trembles le long des canaux, des îles qui sont des corbeilles de fleurs, des coteaux en pente ménagée qui sont des potagers, ce serait bien le plus heureux coin de terre de la France et du monde si la Loire sournoise n'avait de soudaines et méchantes colères. — Pourquoi ne jouirait-il pas de la paix que le ciel lui verse, le brave Tourangeau? La vie lui est facile, le sol productif; il semble que savoir se borner, prendre le bon temps qui vient, c'est sagesse. Modéré, tempérant, exempt d'ambition, point avare du reste, point prodigue non plus ni aventureux, il se tient dans une moyenne tranquille; liant, affable, spirituel cependant et railleur quand il veut, sans amertume. Labourer rudement, s'exténuer pour rompre la glèbe, sa terre n'exige pas cela de lui; il jardine. Pour une seule chose, la nature lui a été quelque peu parcimonieuse : le vin. Il n'y a pas là le grand soleil qui cuit la grappe, et le raisin laisse couler un jus abondant, mais assez vert. Le bonhomme, qui du reste est sobre, s'en console et fait du vinaigre. — En somme c'est en toute chose ce que doit être un *pays du milieu*.

Une fête rustique commune à toute cette région, et que l'on rencontre aussi en Bretagne, avec quelques variantes, et bien ailleurs encore, j'imagine, c'est la *fête de la dernière gerbe*, quand la moisson est tout entière rentrée et battue. — La dernière *airée* étant étalée, une place est réservée au milieu; le *maître* ou la *maîtresse* de maison — ailleurs une jeune fille parée de fleurs — apporte, en grande pompe, une belle gerbe réservée, entourée de guirlandes et de feuillages; les gens de la ferme, les ouvriers, les voisins suivent en procession, comme un cortège de noces, en chantant des chansons locales, conduits par un violon ou une cornemuse, si l'on peut en avoir. La *belle gerbe* est dressée au milieu de l'aire, déliée, étendue; la troupe des batteurs frappe en cadence le sol de ses fléaux. Alors une table est apportée sur l'aire même, couverte d'une nappe blanche, avec du pain, des verres, un *pichet* de cidre ou de vin; on boit à la ronde en l'honneur de la gerbe, à la santé du fermier et de la fermière. Puis l'airée est battue, au milieu des chants, des cris joyeux des enfants; la fête se termine par des rondes et des amusements bruyants, par un festin, des rires et des chansons qui se prolongent assez tard dans la nuit. Cette solennité paysanne, qui est un souvenir des *Thalysies* antiques (fêtes de la moisson et du battage), se célèbre un peu partout, dans les pays à blé.

Avez-vous remarqué que les régions tempérées et faciles offrent rarement des coutumes originales et des costumes bien curieux à observer? C'est ce qu'on pourrait dire aussi à l'occasion du terrien *berrichon*, dont George Sand a fait de si poétiques portraits : c'est le paysan français moyen, paisible, aimant sa terre, assez intéressé, passablement défiant, n'ayant rien de bien saillant, ni dans les usages, ni dans la physionomie, ni dans le costume. — Ils ne sont pas, ni les uns ni les autres, très imaginatifs; leurs chansons, leurs légendes se réduisent à peu de chose.

Pour trouver des traits énergiques et une poésie plus forte, des mœurs plus tranchées, il faut s'avancer vers l'ouest, entrer en Bretagne par les *marches* du *Maine* et de l'*Anjou*, coupées de haies et de chemins creux, semées de *pierres levées*, vers la terre maigre et les genêts; pays triste et rude, autrefois pays des *sorciers*, des *sabbats* et des *loups-garous*....

Une des curiosités de cette dernière région, qui fait si violent contraste avec la vallée de Loire et ses châteaux, ce sont les habitations souterraines, refuges creusés aux temps des guerres atroces du moyen âge, et dont beaucoup sont encore occupées. Sur les bords du Loir il existe tout un village, Les Roches, uniquement formé de plus de deux cents *caves* servant de maisons, creusées dans une paroi à pic; demeures, granges, étables, tout est sous la terre. Il y a de vastes salles communes où, pendant les soirées d'hiver, les familles de ces *hommes des cavernes* se réunissent pour faire ensemble la veillée autour des foyers dont les cheminées sont des puits s'ouvrant au ras du sol. Les hommes causent des travaux, des récoltes, les femmes filent, babillent, et racontent aux enfants effrayés les histoires du terrible Barbe-Bleue, qui avait, comme on sait, des châteaux dans le pays. — Ces légendes à faire dresser les cheveux sur la tête, racontées au fond de sombres souterrains, aux lueurs vacillantes des feux, cela doit faire, j'imagine, une scène d'un fantastique tout à fait saisissant et extraordinaire!

LES BRETONS

Il y a deux Bretagnes : la Haute-Bretagne ou Bretagne française, la Basse-Bretagne ou Bretagne bretonnante. C'est pourtant d'un bout à l'autre le même pays; même sol, même climat, même race celtique: mais la première s'est profondément *francisée*, la seconde, isolée dans sa presqu'île, garde encore, avec sa vieille langue *gaélique*, son costume ancien, ses mœurs et son caractère, du moins dans les campagnes : « pays devenu tout étranger au nôtre, dit si bien Michelet, justement parce qu'il est resté trop fidèle à notre état primitif : peu français, tant il est gaulois... ». Les Bretons sont simples, francs, peu causeurs et même renfermés, sérieux, imaginatifs, énergiques et résistants, opiniâtres, on dit même *têtus*; très attachés à leur pays, à leurs habitudes, aux usages des vieux temps. Dès qu'ils s'éloignent de leur patrie, ils sont atteints d'incurable nostalgie. Ceux qui n'ont pas reçu l'éducation moderne sont superstitieux comme on l'était au moyen âge.

« S'il est un pays où les traditions de la légende ont encore force et vie, disais-je ailleurs, c'est le pays de Merlin, l'antique et granitique Bretagne, immuable et demi-sauvage. — Que la lande, plantée de menhirs, soit restée druidique, qui s'étonnera, puisque la langue humaine l'est encore? — Les miracles et les visions sont, là-bas, choses communes et dont personne ne s'étonne. Point de paysan qui n'ait, au moins, rencontré le *lutin*, à la tombée du soir, sous la figure d'un chat noir aux yeux de feu, contre la porte de l'étable ; toute femme a vu « ses défunts » qui *reviennent*, en blancheur indécise, en flamme phosphoreuse, au pied du lit, quand les lueurs du foyer sont tombées et la braise assoupie dans les cendres[1].... »

C'est là que les vieilles pierres dites *druidiques* sont encore vénérées comme sacrées et en même temps redoutées comme diaboliques; que les *korrigs*, qui sont des nains bizarres et fantasques, dansent encore, la nuit, au clair de lune, autour des *menhirs*. Malheur à qui les rencontre : ils le forcent de danser avec eux jusqu'à épuisement! — Le sentiment breton par excellence, c'est le souvenir des morts : « ils sont moins morts ici que partout ailleurs »....

La chaumière bretonne isolée dans les champs, au coin d'un bois ou d'une lande, a un aspect particulier, mélancolique, avec ses murs épais de terre ou de pierre, percés de rares et étroites fenêtres, avec un toit de chaume qui descend jusque près de terre. La porte, presque toujours ouverte pendant la

1. C. Delon, *le Mal du pays.*

journée, a une double clôture : en dedans, l'*huis* de chêne qui ferme de haut en bas, en dehors, le *contre-huis*, qui s'élève seulement jusqu'à mi-hauteur; tiré, il empêche les bêtes de pénétrer dans la maison, et la partie supérieure de la baie laisse entrer l'air et le jour à la façon d'une fenêtre. L'habitation n'a souvent, au rez-de-chaussée, qu'une seule pièce, à la fois cuisine, salle à

Paysan breton.

manger, chambre à coucher de la famille. Le sol est de terre battue; le foyer est relevé de la hauteur d'une marche. La cheminée, très haute et très large, tient presque tout le fond. Sous son vaste manteau il y a, de chaque côté du feu, place pour un banc où peuvent facilement s'asseoir deux personnes. Les lits sont *clos*, c'est-à-dire qu'ils ont la forme de grandes armoires quasi cubiques, qui se ferment sur le devant, comme des armoires, de deux larges vantaux ajourés, glissant dans des coulisses; souvent ils sont à deux étages, contenant deux *couches* superposées. Les autres meubles, également de chêne noirci par les ans, à grosses moulures saillantes, sont l'armoire, haute et large, la *maie* ou coffre au pain, le buffet surmonté d'un *dressoir* à rayons où s'étalent des assiettes de faïence blanche à grosses fleurs; enfin l'horloge dans une haute gaine étroite. Au milieu, la table de chêne, avec deux bancs. — Quand la maison est aisée, sans rien changer à la disposition traditionnelle elle prend un air de propreté et d'abondance qui donne une certaine grâce rustique, mais sans gaîté, à ces intérieurs sévères; les meubles à grosses sculptures, bien frottés, sont clairs et reluisants, les cuivres brillent comme l'or. En face du foyer, d'immenses chaudrons bien fourbis suspendus à la muraille reflètent les lueurs mobiles de la flamme comme autant de miroirs ardents, quand les enfants, le soir à la veillée, sont rangés autour du foyer, et que les femmes filent, assises sur des *escabelles*, en écoutant quelque histoire de sorciers ou de loups-garous.

La langue bretonne, un peu rude et gutturale, a pour littérature des *guerz*, chansons historiques ou satiriques, et des *sônes*, que nous appellerions des *romances*, d'une poésie délicate et très émouvante. Les costumes, variables d'un village à un autre, sont très pittoresques, souvent même fort élégants. La partie la plus remarquable est la vieille *braie* gauloise, le *bragou-braz* (braie large) plus ou moins bouffant, serré aux genoux, avec des bas tirés ou des guêtres; puis de grands gilets montants et de courts vestons, de larges chapeaux de feutre. Les longs cheveux flottants sur les épaules sont un signe de nationalité auquel les Bretons ne renoncent pas volontiers, et que le service militaire général est en train de faire disparaître. Le *pen-bas* ou *bâton à tête*, dont l'extrémité amincie est dans la main tandis que le bout élargi porte sur le sol, à l'inverse de la canne ordinaire, accompagne et complète la physionomie. Le vêtement des fêtes et des noces, de vives couleurs tranchées, avec les gilets et vestons brodés, les rubans aux chapeaux, est très riche et très brillant. Les femmes portent d'amples jupons avec des corsages échancrés sur des collerettes montantes, souvent des *devantières*, sortes d'étroits tabliers attachés à la taille, munis le plus ordinairement d'une *piécette* qui se relève et s'agrafe sur la poitrine. Mais la plus curieuse partie de la toilette des femmes et la plus variée, c'est la coiffure; chaque village, presque, a la sienne, la même depuis des siècles, et différente de celles des localités voisines.

Ces parures brillent surtout dans les foires et les assemblées annuelles que l'on appelle des *pardons*, fêtes moitié religieuses et moitié profanes, où les processions, les marchés bruyants, les boutiques foraines, les charlatans, les jeux, les danses du pays, font un ensemble très animé. — Les Bretons ont des danses particulières, et l'instrument national, chez eux, est le *biniou*, sorte de *cornemuse* aux sons aigus, rustiques et vibrants.

COSTUMES BRETONS DU FINISTÈRE.

COIFFES BRETONNES

La campagne de la *Haute-Bretagne française*, aux environs des villes de Saint-Malo, de Dinan, de Rennes, tient à peu près le milieu entre les pays français proprement dits et la vieille *Bretagne bretonnante* : c'est la Bretagne en pantalons ; — l'autre est la Bretagne *porte-braies*.... — Par la langue, nos villageois *gallots*[1] — c'est ainsi qu'on les appelle — sont *latins*; par l'ensemble des mœurs aussi, et de plus en plus. Pourtant il leur reste encore bien des traits de race hérités du vieux celte armoricain, dans le caractère et les idées, dans les usages, non moins que dans le costume et l'ameublement. — Ils ont encore, dans nos bourgs écartés, dans nos fermes isolées, les vieux bahuts à *dressoirs*, les vieux *lits clos* de chêne sculpté, noircis par le temps ; ils ont le grand foyer où l'on brûle les broussailles, les longues veillées, les contes fantastiques au coin du feu. Pour l'habillement, chose très curieuse, les hommes sont français, les femmes sont bretonnes. — C'est par quelque beau dimanche d'été, aux *assemblées*, à Dol, par exemple, ou bien à Châteauneuf, à Saint-Malo, qu'il faut les voir, *paroissiens* et *paroissiennes*, venus des villages, de dix lieues, quinze lieues à la ronde, chacun et chacune avec son costume, dans la mêlée mouvante et diaprée, sur le champ du marché, parmi les bestiaux, les étalages, les cuisines en plein vent. Sur toutes les routes ils arrivent à la file, jeunes et vieux, qui à pied, qui à cheval, qui à âne, qui en rustique carriole, par groupes animés, caquetant, coquetant, endimanchés; les jeunes gens et les jeunes filles sont ornés de fleurs et de nœuds de rubans. « Les fermiers, graves, pleins de leur importance, sont en jaquettes courtes de drap gris ou bleu, et larges pantalons d'une coupe campagnarde, avec gros souliers ferrés et bâtons de houx; les garçons de ferme, les jeunes gens portent la blouse de charretier, en cotonnade bleue, brochée de blanc au col et sur l'épaulette. Les femmes âgées sont en noir, les jeunes en couleurs, avec jupons courts, petits châles en pointe de tons éclatants à grands ramages, croisés sur la poitrine et noués par derrière; avec d'élégantes *devantières*, c'est-à-dire d'étroits tabliers de fin tissu de mérinos noir ou même de soie, pourvus d'une *piécette*, coquettement attachée sous la gorge. Les plus riches ont aux pieds des souliers plats, à boucles d'argent. Toutes portent la coiffe blanche : la coiffe du pays, plus ou moins fine

1. Gaulois, français.

UN PARDON EN BRETAGNE.

et garnie de dentelles, raide d'empois et plissée à plis *tuyautés* au fer, nouée sous le menton avec de longs rubans, et posée sur un *serre-tête* de tulle qui renferme la chevelure, lissée à bandeaux plats. — La coiffe d'une femme, voyez-vous, c'est son pavillon : « pavillon de nationalité fière et souvent jalouse[1] ». — Chaque village, j'allais dire chaque patrie, a sa coiffure différente, fixée par une tradition immémoriale, peut-être depuis les temps druidiques. D'un clocher à l'autre il y a des différences, parfois peu sensibles à l'œil inexpérimenté de l'observateur masculin ; mais tout ce qui porte jupons les connaît par le menu : en sorte que la première venue des paroissiennes, au milieu du va-et-vient de la foire, vous dira, vous montrant du doigt l'une après l'autre : « Celle-ci est de Dol, celle-là de Miniac, cette autre de Plerguer ; en voici une de Roz, une de Cancale... ». — Certaines de ces coiffures sont fort originales. Les élégantes de Saint-Suliac et de Dinard portent fièrement le *grand coq*, imité, dit-on, du casque romain... (mais j'en doute fort) ; le triomphant *coq*, à haute et large crête plissée à petits plis, étalée en éventail, avec deux vastes ailes repliées que soulève le vent de la mer, et qui semble toujours prêt à s'envoler du coup. — Il s'envole aussi, quelquefois.... — Les modestes villageoises de Pleudihen se contentent du petit coq, très abaissé, crête courte, ailes pendantes, que leurs voisines, dédaigneusement, appellent des *poulettes*. — Les femmes de Saint-Père et celles du marais de Dol portent les coiffes plates sans crête, avec les *bandeaux* relevés en « huit de chiffre » ; celles de Plouër se distinguent par la coutume, toute particulière et très antique, de détacher et laisser tomber les *barbes* de leurs coiffures lorsqu'elles vont à l'église, ce qui figure une sorte de voile de nonne, d'une signification austère et religieuse. Ajoutez enfin, pour compléter le costume férié, un livre de messe à fermoir, où plus d'une qui cérémonieusement le tient du bout des doigts serait, on le sait, fort en peine de lire !... — Aux champs, toute la semaine, on est plus simple : lourds jupons de bure tissée de fil et de laine mêlés, bons gros sabots bretons, à pointe relevée ; et, quand il fait de la pluie, la large devantière de futaine, détachée de la ceinture, se noue sur la tête en façon de capuce ou, si vous aimez mieux, de petit manteau écourté.

1. C. Delon, *le Mal du pays*.

PALUDIERS DE BOURG-DE-BATZ

Entre l'embouchure de la Loire et celle de la Vilaine, sur une large bande de rivage bordée de dunes, vit la curieuse population des *paludiers* de Bourg-de-Batz et de Guérande. — Là le sol est semé d'étangs et de marais, et on y

Paludier de Guérande.

récolte... du sel. — Les *marais salants* sont divisés en petits compartiments où l'eau de la mer s'évapore, laissant déposer au fond le sel, qu'on recueille au moyen de *racloirs* de bois. Les *sauniers* ou paludiers, qui vivent de ce travail, font un petit monde tout à part, distinct par ses mœurs, ses usages, son costume. Bretons d'origine, la plupart parlent le français. Ils se fréquentent, se réunissent, se marient entre eux ; ils s'appellent volontiers cousins, et semblent en effet ne faire qu'une grande famille. Vous les voyez passer, allant au travail, avec leur blouse blanche, des braies de toile bouffantes, à la bretonne, nouées aux genoux par des rubans, et des guêtres de toile, de gros sabots ou des souliers, avec leur large chapeau; ils portent sur l'épaule le râteau et la pelle. Mais le costume des dimanches, des fêtes et des foires, des noces, est, au contraire, très brillant et très singulier. — D'abord le chapeau de feutre, garni de torsades de soie de couleur, à bords immenses, bizarrement relevés d'un côté : ce chapeau-là, à lui seul, dit bien des choses. Les jeunes gens portent le bord relevé sur l'oreille, les gens mariés par derrière, les veufs par devant : c'est une déclaration d'état civil. — Maintenant imaginez une large collerette blanche à la facon des cols de nos marins, retombant sur un veston court et ouvert, de couleur vive, rouge pour les gens mariés; en dessous, chose curieuse, plusieurs gilets superposés de couleurs voyantes et différentes, *étagés*, ceux de dessus plus courts, ceux de dessous plus longs afin qu'on en voie dépasser une bande d'étoffe par le bas. Ajoutez les braies bretonnes, bouffantes, en toile, plissées à petits plis en long, serrées aux genoux ; des bas de laine blanche bien tirés et des pantoufles de couleur jaune clair. Le tout est original et fort joli. — Les femmes portent des jupons étagés à la façon des gilets des hommes; un corsage rouge échancré, avec des manches à revers, une ceinture de ruban, brochée d'or ou d'argent, relevant la jupe de dessus et nouée sur la hanche ; puis un large tablier de soie, de vive couleur, violet, vert, rouge, orange, avec une *piécette* carrée, brodée de laine ou de soie, se relevant sur la poitrine; enfin la coiffe blanche, petite, pointue derrière et rattachée sous le menton par de larges rubans. Des bas rouges ou violets, rayés, des espèces de pantoufles découvertes pour chaussure, complètent la toilette de fête de la *paludière*. — Dans le pêle-mêle animé d'une foire, à la danse mouvementée ou dans le cortège pompeux d'une noce, toute cette chamarrure des couleurs les plus tranchées et les plus brillantes forme un ensemble chatoyant, extrêmement gai pour l'œil.

La population des paludiers est aisée, ce qu'elle doit à son activité industrieuse, à son honnêteté, à sa simplicité de mœurs et à sa sobriété. Les maisons sont propres, avec des meubles assez élégants, d'une forme traditionnelle et toute particulière.

HUTTIERS AU MARAIS

Pour le sol, aussi pour la race, la Vendée est un prolongement de la Bretagne. La partie terrienne qu'on appelle le *Bocage*, quoiqu'il y ait peu de bois, rappelle la Haute-Bretagne : champs entourés de haies plantées de hauts fûts ébranchés, chênes, frênes, châtaigniers; chemins creux bordés de talus, sous l'ombre des grands arbres qui se rejoignent par-dessus. Sur la côte basse qui fait face à l'île de Ré, le *Marais* est une Hollande en miniature. Le sol, plat et mouillé, fangeux, est sillonné d'une multitude de petits canaux croisés, de fossés étroits encombrés de roseaux et de scirpes, semé d'étangs dormants et couverts de plantes aquatiques flottantes. Les îlots entourés par les rigoles sont des terres grasses et fertiles, que l'été couvre de riches moissons. Les *levées*, les petites digues de terre qui bordent les canaux sont plantées de saules, de frênes, de peupliers, et servent de chemins.

Mais, comme en Hollande aussi, les *étiers* (canaux) sont eux-mêmes les principales voies de communication. Les maraîchers sont demi-aquatiques. Ils vont à leurs champs, voisinent, portent leurs moissons, se rendent au marché sur leurs petites barques longues, étroites et plates, qu'ils nomment *yoles*, et qui glissent sur les eaux mortes le long des roseaux. Le batelier les pousse au moyen d'une longue perche qu'il appuie au fond ou contre les berges et manie habilement. Les jours de fête ou de marché, autour du village, des milliers de yoles sillonnent le réseau des biefs, portant des femmes endimanchées ; c'est un curieux et joyeux coup d'œil. — Quant aux piétons, ils ont à parcourir à la traverse des plaines sans horizon, où les haies, les rangs d'arbres bornent partout le regard, et mille fois coupées en tous sens de fossés, où les ponts sont rares. Ils portent avec eux leur perche batelière, qui devient perche à sauter. Enfonçant la pointe bien aû milieu du fossé, l'homme s'élance, décrit en l'air un grand arc de cercle et se retrouve sur ses pieds en la rive opposée.... Les jeunes gars du pays sont fort adroits à cet exercice. « Nous voyageons par les airs, nous autres », disent-ils plaisamment. — La population pauvre du Marais, ceux qu'on nomme les *huttiers*, vit dans de tristes cabanes, basses et fumeuses, sombres, dénuées, malsaines, faites de boue desséchée et couvertes de roseaux, bâties sur des *mottes*, c'est-à-dire sur des emplacements un peu élevés. Ils subsistent maigrement de la culture d'un petit terrain, du produit de quelques vaches qui pâturent le long des levées, de la pêche dans les canaux, qui sont fort poissonneux. L'hiver, ils font la chasse aux canards sauvages, aux oiseaux aquatiques, qui s'abattent par grands vols sur les étangs. Il y a aussi dans le Marais des habitants aisés, des fermes étendues et productives, des cultures importantes de blé et de chanvre.

Les costumes de la Vendée en général se rapprochent beaucoup de ceux

Jeune fille du marais de Luçon en Vendée.

de la Bretagne : braies courtes, mais plus étroites, vastes gilets, vestons courts, cravate nouée en corde, large chapeau; puis la mode des cheveux longs, qui va disparaissant. Les femmes portent aussi le petit corsage breton, ouvert et brodé, la coiffe blanche, variant selon les localités. Et pour les mœurs encore, les Vendéens ont plus d'un rapport avec les Bretons : l'humeur grave, l'opiniâtreté, la crédulité extrême, le penchant à la superstition, l'attachement au sol natal, aux vieilles traditions, et la disposition à subir le *mal du pays* lorsqu'ils sont forcés de quitter leur patrie.

LES AUVERGNATS

C'est un beau pays que l'Auvergne, pittoresque, plein de sauvages merveilles. Mais avec ses plateaux rocheux, son sol de granit et de lave, ses volcans, ses torrents, ses grands bois, ses âpres pâturages, ce beau pays ne nourrit pas ses habitants. La terre est pauvre, excepté dans certaines vallées; les plateaux sont froids, exposés aux vents soudains, l'hiver est long et dur;

Un buron au Mont-Dore.

avec une latitude presque méridionale c'est le climat du nord, et la neige couvre longtemps la terre. Il y a peu de champs de blé, mais du seigle, de l'orge, beaucoup de châtaigniers; on vit de châtaignes en Auvergne. Sur les hautes pâtures sont épars des villages, des hameaux de chaumières, des *burons*, sortes de *chalets*, avec des étables pour les troupeaux; on y recueille le laitage, on y fabrique des fromages. — On est pauvre, la famille est nombreuse; que fait le jeune paysan d'Auvergne? Il émigre; il vient dans les villes, à Paris. Mais il ne vient pas ici pour y rester; il compte bien retourner là-bas, quand il aura gagné de l'argent. Pour en avoir, il fera tout ce qu'on voudra, — excepté voler, car il est foncièrement honnête. Il sera porteur d'eau, commissionnaire, charbonnier, marchand de bois, marchand de châtaignes grillées au coin des rues. Travailleur, sobre, il est âpre au gain, dit-on, plus qu'économe.... Je le crois bien ; c'est qu'il a hâte de revenir ; s'il est de corps parmi nous, sa pensée est au pays. Là il se sentira chez lui, plus à l'aise que parmi les habitants des villes, et montrera plus volontiers ses qualités sociables et bienveillantes. Là il se mariera ; il achètera une maisonnette

Intérieur d'un buron au Mont-Dore.

avec un jardin, un coin de champ ; il élèvera ses troupeaux et fera ses fromages. Il retrouvera les vieux parents et parlera son patois maternel. C'est à cela qu'il pense quand il reçoit son *pourboire* — qu'il ne boit point.

Pour la population aussi, l'Auvergne est un des pays de France les plus remarquables. L'Auvergnat, surtout celui des campagnes et des hauts plateaux, représente la vieille race, peu mêlée, peu modifiée en somme par les temps : esprit réfléchi, tenace, bonhomie un peu rustique d'allure, attachement au sol, vertus familiales. Le patois, l'accent, ont une certaine rudesse montagnarde, qui ne messied pas au milieu de cette âpre nature. La vie a quelque chose de patriarcal et de sérieux, où les fêtes, les noces font de rares échappées de joie bruyante. Les danses du pays, les *bourrées* au son de la cornemuse celtique ou du violon latin, ont un certain cachet antique et tout local; et ceux qui ne sont point du terroir ne peuvent, dit-on, en bien saisir le rythme. Le costume est simple et agreste : pantalon large, veston

Femme du Mezenc, costume des dimanches.

court, gilet encore plus court, avec large ceinture, vaste chapeau et gros sabots de hêtre. Les femmes, avec leur jupe courte et leur tablier à piécette relevée, leur petit châle croisé sur la poitrine, leur bonnet de linge ou leur petit chapeau fermé, orné d'un ruban de couleur foncée, sont plus élégantes. Le dimanche et les jours de fête on fait des frais de coquetterie: on porte tablier de soie, souliers à boucles, — et sur la tête une énorme touffe de fleurs, tout un jardin ! — Cependant les vieilles mœurs, les vieux costumes peu à peu disparaissent ; mais il restera au montagnard d'Auvergne sa loyauté, son amour du travail et sa franche bonhomie, qualités de race auxquelles viendront se joindre les bienfaits de l'instruction.

BOURRÉE AUVERGNATE.

SUPERSTITIONS QUERCINOISES

Au massif montagneux du *plateau central* français, prolongé par ses versants, ses plateaux étagés, ses *causses* coupés de vallées profondes et de torrents, outre l'Auvergne et le Limousin, se rattachent la Marche, le Périgord, le Velay, le Gévaudan, le Rouergue et, un degré plus bas, le Quercy. Sur les plateaux élevés, nus et froids, abandonnés à la pâture, où les villages sont

Vieux paysan des Causses.

rares, la vie des *Caussenards* est très dure et très pauvre. Dans les profondes vallées, le sol est, au contraire, productif et verdoyant; les hommes sont plus heureux. Toutes ces populations rustiques sont laborieuses et vaillantes, mais rudes de mœurs, ignorantes et superstitieuses, aussi bien dans la Lozère que dans le Gévaudan, en Rouergue comme en Quercy.

« La superstition trône en Quercy. Guerre à qui y touche ! Elle est reine là, reine impitoyable.... Grands et petits, vieux et jeunes, riches et pauvres, tous frissonnent et pâlissent si une salière est renversée sur la table un jour de jeûne, surtout en carême; si on trébuche un 13; si le coq *pond des œufs* où il y a des *serpents de l'enfer*! si les chiens aboient à la lune; si les bœufs regardent le curé, les moutons le maire; si quelque coup de vent emporte un béret dans un vivier; s'il tombe une goutte de pluie sur l'œil gauche d'un garçon, sur l'oreille droite d'une fille, sur les anneaux de mariage; si les chats aiguisent leurs ongles à l'écorce d'un noyer ou d'un peuplier de la Caroline; si les corbeaux se mettent sur le dos au milieu de l'aire; si les pies vous suivent en longeant les buissons de la route; si le porc se vautre dans l'auge; si une araignée voyage dans le bonnet de nuit, un ver dans les sabots!...[1] » — Le centre de toutes ces superstitions, c'est le *mage*, entendez le magicien, le sorcier, le devin, qui est en même temps le *rebouteux*, guérisseur non patenté des gens et des bêtes, lequel par la science mystérieuse qu'on lui suppose et le pouvoir occulte qu'on lui attribue, exerce sur les naïfs *paours* illettrés une influence extraordinaire... et lucrative. — L'instituteur et l'école sont en train de changer tout cela.

VENDANGES BOURGUIGNONNES

Sous l'autre versant du rude massif central, le versant de l'est, s'étale au soleil la douce et vineuse Bourgogne, qui est la vallée moyenne de la Saône avec les coteaux qui la bordent. La race est pondérée de Celte et de Germain; le Bourguignon a le tempérament heureux, ouvert, franc et généreux comme ses vins, volontiers jovial. « Pays de bons vivants et de joyeux *noëls* », dit Michelet. — L'une de ces chansons de la vigne me revient en mémoire :

Je suis le plus gros vigneron
De la haute et basse Bourgogne!...

Et c'est qu'en effet le vin, c'est toute la Bourgogne; chaque nom de village est le nom d'un cru célèbre ou estimé. La plante est exigeante; elle réclame du travail, elle le paye libéralement. — La fête locale d'un tel pays est, naturellement, la fête des vendanges : mais quand la récolte est prospère, la vendange elle-même est une fête, accompagnée de chansons, parfois du son des violons et des rustiques hautbois, de danses joyeuses autour du chariot comblé de corbeilles et rentrant au pressoir. Le costume du paysan bourguignon exprime l'aisance, mais n'a rien de bien remarquable : il rappelle nos

1. Léon Cladel, *les Va-nu-pieds*.

modes parisiennes de 1830. Le vêtement féminin est plus élégant; on voit encore dans certaines parties le tout petit chapeau posé sur un bonnet de lingerie; ailleurs le chapeau plat, large, surmonté de nœuds de rubans. Les jeunes paysannes aiment fort les bijoux, les chaînes d'argent ou d'or à triple rang, les étoffes de couleurs éclatantes et tranchées, bleues ou rouges.

Tout joignant la Bourgogne vineuse, le pays de l'eau : la Bresse coupée d'étangs, la Dombes, où il n'y a pas, pour ainsi dire, où mettre le pied, tout

Coiffure bressane.

étant lacs et marais. Les hommes y étaient naguère lents et lourds, détrempés de brouillards, accablés de fièvre : mais voilà qu'on a pris à tâche de dessécher et d'assainir le sol, et la population reprend vigueur. Les femmes *bressanes* portent l'ancien chapeau bourguignon très surhaussé, à larges bords : un plateau rond d'où tombe un voile de dentelle, et sur le milieu planté... comment dire ? un clocheton ? un phare ? une lanterne ? enfin un haut et grêle cône tronqué, ornement dont on ne comprend pas bien l'utilité. Coiffure bizarre, qui, bien portée, n'est pas cependant disgracieuse.

FORGES COMTOISES

A l'est de la France il est une zone de terre rude habitée par une population sévère et héroïque : la Franche-Comté, avec un coin de Champagne montagneuse et ce qui nous reste de Lorraine. Ce fut de tout temps un pays frontière, et, comme on disait autrefois, une *marche* entre France et Allemagne. Et pourtant nul pays plus français de cœur. On naît soldat, pour ainsi dire, sur cette terre; et les femmes aussi, filles, épouses de soldats, sont sérieuses, réservées, vaillantes comme les hommes. En Champagne, ce sérieux s'aiguise d'une pointe de raillerie. Le Jura Comtois est une petite Suisse française, qui a ses *chalets*, de pierre plus souvent que de bois, à larges toits de planches, bas, chargés de pierres afin que le vent ne les emporte pas. Les pâturages des montagnes, où les vaches errent en demi-liberté pendant la bonne saison, sous la garde des bergers, fournissent leur lait aux *fruitiers*, c'est-à-dire aux fabricants de fromages.

Les habitants de tout ce pays sont instruits, en général, laborieux, fort industrieux. Dans le Jura, l'industrie locale est surtout l'horlogerie; ce coin de terre fournit de montres et de pendules la France entière.... Le grand travail de cette région minière et houillère est encore le travail du fer. Il y a de vastes établissements, organisés à la manière moderne, avec d'immenses hauts fourneaux, de grandes machines à vapeur, un outillage effrayant et coûteux. Mais plus curieux encore sont les petits ateliers, les petites *forges* et *aciéries*, autrefois très nombreuses, et dont un certain nombre subsistent. Ce sont des usines modestes, très actives, d'un aspect très original. — « On les rencontre sises au fond de quelque gorge étroite, sur le bord d'une rivière torrentueuse. Les barrages, les canaux, les déversoirs, l'eau qui fuit divisée en plusieurs bras entourant des îlots de verdure donnent à l'usine un aspect rustique et pittoresque que ne dément pas un coup d'œil jeté à l'intérieur. Il y a telles de ces forges comtoises ou lorraines où vous pourriez voir, le soir, à deux pas du foyer ardent, le groupe des femmes des ouvriers tranquillement assises sur les blocs de fonte, tricotant ou cousant à la lueur des fournaises, comme on fait à la veillée devant l'âtre patriarcal; les enfants jouent alentour. Le tout au milieu du bruit des marteaux, du ronflement des tuyères, des blocs ardents qu'on transporte, du grondement des roues qui tournoient[1]. »

1. C. Delon, *le Fer*.

FORGE COMTOISE

LES SAVOYARDS

Quand autrefois les pauvres petits Savoyards, forcés par la misère d'abandonner pour longtemps peut-être leur hameau, leur famille, descendaient à l'automne de leurs âpres montagnes afin d'aller dans les villes gagner leur vie en toutes sortes de petits métiers, ramoneurs, rétameurs, joueurs de vielle, montreurs de marmottes, avec une paire de sabots neufs aux pieds et un pain noir dans le bissac; quand les mères les avaient conduits jusqu'à la croix de bois, au détour du chemin de la vallée, et là, pour la dernière fois, les avaient embrassés avec des adieux tout pleins d'angoisses et de larmes et les recommandations suprêmes aux plus âgés, conducteurs de la petite troupe,... où allaient-ils, par la longue route sans fin qui s'abaisse vers la plaine et s'enfonce là-bas à travers les arbres gris? En France, à Paris. Ces tristes émigrations d'enfants sont aujourd'hui plus rares. Mais à l'âge d'homme, quand les robustes fils des nombreuses familles, trouvant la terre trop ingrate et les champs trop étroits, quittent leur belle et rude patrie pour exercer des industries diverses en des pays offrant plus de ressources au travailleur, délibérés, courageux, et déjà, au départ, pleins de projets pour le retour, — où vont-ils encore? En France, à Paris; quoique la plaine lombarde étale sur l'autre versant des monts sa corbeille pleine de fleurs et d'épis. Revenus plus tard au village natal, ils rapportent le souvenir de cette autre patrie où ils ont été accueillis, où ils ont trouvé aide fraternelle et travail, et mêlent les idées parisiennes aux mœurs montagnardes, le français parisien au patois maternel. — C'est pourquoi, depuis des siècles, ils sont Français de cœur; ils l'étaient bien avant que la Savoie fût réunie à la France. Ce splendide et pauvre pays, qui a le Mont-Blanc, la rive du Léman et le lac du Bourget, la percée du Mont-Cenis, — les merveilles de la nature et celles de l'industrie humaine, — et qui ne peut pas nourrir ses habitants, c'est notre Suisse française, comme l'autre ayant ses Alpes, ses neiges, ses glaciers, ses torrents, ses forêts, ses pâturages aux flancs des montagnes et ses chalets, d'étroites plaines de culture au pied des rocs. Ses habitants, les Savoyards, ou, si vous préférez, les *Savoisiens*, ressemblent aussi tout naturellement, par le costume et les coutumes, aux Suisses des cantons *forestiers*. Montagnards et bergers également, fabricants de fromages, guides des voyageurs pour les *excursions*, ce sont les plus braves gens et les gens les plus braves du monde.

BERGERS LANDESCOTS

Imaginez un ancien fond de mer asséché, plat, sablonneux, que l'hiver transforme en marécage; tout couvert, l'été, du tapis ras des bruyères aux jolies clochettes roses ou violettes, de buissons de genêts aux fleurs d'or, qui font sur le sol de grandes taches pourpres et jaunes; çà et là, des bois maigres de grands pins ébranchés au feuillage d'un vert sombre et terne : telle est la *Lande gasconne* dans la partie aujourd'hui encore restée sauvage. Ni champs ni cultures, ni villes ni villages, ni routes ni chemins; à peine des sentiers. Seulement vous pourriez voir, çà et là, isolées ou groupées en petits hameaux à la lisière des bois, des maisonnettes de terre et de branchages, basses sous des toits de roseaux ou d'écorces d'où sort une fumée bleuâtre dont l'odeur résineuse se répand au loin. La population pauvre, rare, disséminée, elle-même quelque peu sauvage comme la bruyère et la pinaie, est faite de *résiniers* qui vont dans les forêts recueillir la *gemme* (résine) ruisselant aux troncs blessés des pins, et de bergers qui mènent leurs petits moutons noirs, en grands troupeaux errants, sur la lande immense hérissée de buissons bas, rudes, épineux, coupée de flaques d'eau. Pour se tirer d'un terrain si peu commode, en l'absence de voies et de foulées, nos pâtres landais ont imaginé un singulier et ingénieux moyen, qui est de marcher sur de hautes échasses, souvent dépassant la taille humaine. Là-dessus perché, grandi de toute la longueur de ces bizarres prolongements, le berger voit de loin ses moutons parmi les *brandes* (bruyères). A l'aide de ses *chanques* — c'est ainsi qu'il appelle ses *bottes de sept lieues* — vous le verriez parcourir la plaine à pas de géant. Il enjambe par-dessus les buissons sans se déchirer, piétine tout au beau travers des mares sans se mouiller, s'appuyant en outre sur un très long bâton qui lui sert en même temps de houlette. Veut-il se reposer, le bâton est pourvu à son extrémité d'une étroite rondelle de bois; l'homme pique en terre sa perche, s'assied sur la rondelle en écartant les jambes, et le voilà juché sur ce bizarre *escabel* à trois pattes, où il se tient en équilibre avec une merveilleuse aisance. Comme il faut bien occuper ses loisirs, du haut de ce perchoir, tout en surveillant ses maigres ouailles, à l'ombre de son chapeau à grands bords ou de quelque pin solitaire, il tricote tranquillement ses bas. Partant, le matin, pour le pâturage, le *pastourel* sort de chez lui... par la fenêtre. Assis sur le bord de la croisée, ou, parfois, sur le haut du mur de son courtil, ou bien enfin sur la branche basse de quelque pin tordu, il attache solidement à ses pieds et à ses jambes, avec des courroies, les étonnants appendices, imités peut-être des échasses naturelles du héron et de la grue, et dont il ne descendra guère que le soir, en rentrant à la chaumine où l'attendent la miche de pain brune et le fromage sec, l'écuelle de lait aigre. Les femmes vont aussi sur des échasses; et le plus curieux est de voir les bambins et bambines de cinq ou six ans, déjà fort lestes, s'exercer à leur futur métier.

LES BASQUES

« Le Basque est à cheval sur les Pyrénées, jambe deçà, jambe delà; un pied en France et l'autre en Espagne. » — Le pays Basque, en effet, occupe les deux versants de la montagne; de notre côté il s'étend dans les Basses-Pyrénées, depuis les crêtes jusque dans la plaine, vers l'Adour et le *gave d'Oloron*. Ses habitants sont le dernier reste d'une race très antique, plus vieille sur le sol que les Gaulois eux-mêmes, et qui a jadis occupé un territoire beaucoup plus vaste. Autrefois désignées par les noms de *Vasques*, d'*Ibères*, ou par celui d'*Euscariens* qu'elles se donnent à elles-mêmes, ces populations parlent une langue très ancienne aussi, absolument distincte de toutes les autres langues de l'Europe, très difficile à apprendre, et dont l'origine est mal connue. Mais peu à peu les campagnards eux-mêmes, à plus forte raison les habitants des villes, apprennent le français; et le vieux parler *euscara* finira par disparaître.

La mer et la montagne, c'est la patrie des Basques. Et je crois que des deux ils préfèrent la seconde. Ils sont bergers, guides aux pâturages pyrénéens, ou bien marins, pêcheurs. Réputés parmi les plus courageux, leurs matelots étaient surtout autrefois pêcheurs de *baleines*; sur de petits navires ou même de grosses barques ils s'en allaient, suivant cette proie qui fuyait, à travers des mers inconnues, et parfois ne revenaient pas. Aujourd'hui encore, souvent la fièvre de la mer et des longs voyages les prend.

Ce sont de beaux hommes, ces gens de la montagne; lestes et agiles, forts et résistants, hardis, aventureux, avec un certain port fier et élégant à la fois; les femmes, très vives, alertes, sont remarquables surtout par leur physionomie mobile, leurs yeux brillants et expressifs *à l'espagnole*, leur taille souple et leur démarche à la fois noble et légère. Elles aiment fort les fêtes bruyantes, les danses animées du pays. Dans les villages, elles gardent la maison, traient

BERGER LANDESCOT.

les vaches, et portent à la ville voisine fruits et laitage ; celles des côtes, hardies pêcheuses, ne craignent pas d'affronter la mer avec leurs maris : elles vendent le poisson et raccommodent les filets.

Le costume des Basques est élégant et simple : des pantalons serrés aux genoux et des guêtres, le gilet ouvert, un veston court, une large ceinture et

Guide basque des Pyrénées.

des bottes ou des sabots : vêtement dégagé et commode, qui va avec la vie libre et l'allure leste des montagnards. Ils portent volontiers le petit chapeau rond, la toque, plus souvent encore le *berret*. Le costume des femmes, assez variable selon les localités, et qui rappelle celui des femmes espagnoles, n'a rien de bien particulier ; des jupes longues, une sorte de châle drapé sur les épaules et noué à la taille, parfois un veston étroit ; souvent un simple mouchoir noué sur les cheveux pour coiffure.

LOU GASCOU

Ce n'est pas pour rien qu'il tient du *Basque* par le nom : le Gascon tient du Basque aussi par la race, par le tempérament et par le caractère. Tout le pays, jusqu'à la Garonne et même au delà, a été mêlé des vieux Ibères (Basques) et des Celtes; puis des Sarrasins, dont il s'est perpétué plus d'un trait. Taille moyenne, brun de teint, yeux et cheveux noirs, physionomie ouverte et mobile, passionnée, démarche hardie: tel est l'homme au physique, et le moral y correspond. Il est naturellement gai, ami du plaisir, des fêtes, des festins et des danses; il s'enivre, même sans boire, de mouvement et de bruit. — Le seul nom de Gascon est devenu, dirait-on, synonyme de fanfaron et de *craqueur*. Mais la hâblerie gasconne n'est point l'emphase espagnole; c'est une exubérance de langage qui tient pour quelque chose aux expressions imagées et aux tournures poétiques de la langue méridionale, un cliquetis de mots, une inoffensive figure de rhétorique qui ne prétend point être prise à la lettre, et n'entend tromper personne, que chacun doit savoir rabattre d'autant, sans s'étonner davantage. Il y a de la bonne humeur, dans la *gasconnade*, une gaie raillerie de soi-même et d'autrui; c'est la vive et spirituelle hyperbole dont le rire bon enfant s'épanouit dans cette jolie chanson de *la Garonne*, qui n'est elle-même qu'une piquante gasconnade:

Si la Garonne avait voulu,
Lanturlu !
Elle aurait arrosé le monde !...

Or si les riverains de cette brave Garonne qui a bien voulu laisser une part aux autres fleuves... sont, en paroles, quelque peu matamores, ils sont vaillants en réalité, personne ne le niera, même volontiers aventureux. On pourrait plutôt, ce me semble, leur reprocher quelque légèreté de caractère, de faciles oublis.... En somme le type est assez bien représenté par « l'originale figure » de ce leste Béarnais qui vainquit à Arques: le roi Henri IV, brave comme chacun sait, spirituel, hâbleur et bon diable, Gascon s'il en fut, et qui sut assez bien faire son chemin dans le monde. — Le patois gascon est un dialecte de la *langue d'oc*, varié selon les lieux, coloré, sonore, avec quelques articulations un peu rudes.

1. Basque, Vasque; d'où *Vascou* et *Gascou* (Gascon), Vascogne et Gascogne.

Quoique le pays ait toutes les caresses du soleil, avec la vigne, le mûrier, le blond maïs, le paysan gascon n'est généralement pas riche — excepté dans le *Bordelais*, qui est un pays à part ; — illettré, intéressé, économe à l'excès, dur pour lui-même, pour les siens et pour ses bêtes, il a certains traits de mœurs rudes, des goûts sauvages pour les combats d'animaux et les luttes. L'habitant du Bordelais est plutôt homme d'affaires : resté longtemps

Paysanne du Bordelais.

Anglais, et depuis en relation avec l'Angleterre, à qui il envoie ses vins, Bordeaux a pris une physionomie sérieuse. — Toute cette bande de terre le long des rives de la Gironde vit de la vigne, et en vit bien ; les gens sont aisés, laborieux, économes ; cela se sent dans la physionomie des terriens, et jusque dans le costume actuel des paysans, surtout dans celui des paysannes, qui est sans originalité, un peu sévère, avec leur coiffure serrée sur les bandeaux plats, mais étoffé et cossu.

FÊTES PROVENÇALES

Un mélange indéfinissable de fougue et de grâce, de rudesse et de poésie, tel est le tempérament du Provençal, croisé de toutes les races de ce Midi où les Grecs, les Romains, les Sarrasins ont laissé des traces. Le pays aussi porte à la tête; avec les treilles, l'olivier, il a, sur les côtes, l'oranger, le citronnier, des palmiers même : c'est une petite Italie ; il a aussi les rocheuses montagnes, les torrents, l'âpre *mistral*, ce vent qui tombe des Cévennes soudain et violent, la *Crau* pierreuse et la fiévreuse *Camargue*.

Les dialectes provençaux sont les plus beaux de la langue romane, sonores, imagés, très propres à la poésie, riches débris du parler fleuri des *trouveurs* (troubadours). Toute la vivacité, l'exubérance du tempérament méridional éclate dans leurs chansons, tendres ou satiriques, leurs jeux, leurs danses, leurs fêtes locales, qui en même temps expriment leur attachement aux traditions du passé. Ils ont des danses qu'ils appellent *moresques*, en mémoire des Maures ; d'autres qu'on nomme *treilles*, qui se dansent avec des guirlandes, souvenirs d'antiquité romaine. Mais la vraie danse nationale est la *farandole*, quelque chose comme une immense ronde non *fermée*, qui, au lieu de tourner en cercle, va se déroulant en replis de serpent, accompagnée de chansons vives, des roulements du tambourin, des trilles du *flûtet* rustique.

Les *fêtes patronales* des villages, appelées *romérages*, sont l'occasion ordinaire de ces divertissements. — A Riez, dernier reste des *tournois* chevaleresques du moyen âge, se célèbre encore chaque année la *bravade*, sorte de combat simulé entre Chrétiens et Sarrasins, ceux-ci distingués par des turbans verts, sous une bannière verte. Bourgeois et artisans, paysans aussi, y prennent part, sous des armures plus ou moins fantaisistes, qui à pied, qui à cheval. Mais la plus curieuse fête est encore la fête demi-religieuse et demi-profane de la *Tarasque* de Tarascon, qui s'est perpétuée depuis le *bon roi René*. Ce roi artiste, inventeur de merveilleuses et pittoresques *processions*, organisa celle-ci, et y présida en 1469. — Après le défilé des cavaliers vêtus de soie et brodés d'or, des orchestres de tambourins et de fifres, des *corporations* de laboureurs et de vignerons avec leurs attributs, des bergers et des jardiniers portant des fleurs, aux cris mille fois répétés des spectateurs : *la tarascou!* s'avance, en rampant, un monstre épouvantable, énorme, crocodile, tortue, on ne sait, figurant le dragon légendaire dont la sainte du lieu délivra, dit-on, le pays : par sa gueule et ses naseaux jaillissent des fusées d'artifice. Les *tarascaïres*, cachés sous l'énorme carapace, font mouvoir brusquement l'apocalyptique bête, dont la longue queue articulée va heurtant, balayant la foule de droite et de gauche, renversant des rangs de spectateurs trop empressés.... La bousculade prend des proportions inouïes ; rarement la fête se passe sans qu'il y ait jambe ou bras cassés. « Qu'a fait la *tarasque*? — Elle a enfoncé les côtes à un paysan. — Pauvre homme! — Elle a brisé la jambe à une femme. — Il n'y a pas grand dommage! — Elle a assommé un

Arlésienne.

juif. — *A ben fa!* » — C'est, du moins, la légende locale ; mais j'imagine bien que, comme toutes les légendes, celle-ci est sujette à revision !

Les femmes de la Provence sont vives et charmantes ; leurs gracieux costumes, avec le *drôlet*, robe un peu courte, avec le fichu croisé, rappelle l'Italie ; pour coiffure, une mousseline bordée de dentelle sur les cheveux, ou, contre l'ardeur du soleil, un chapeau à très larges bords.

Les Arlésiennes sont surtout renommées pour leur fière beauté, toute romaine ; leur costume, un peu modernisé, comme toujours dans les villes, ne manque cependant ni d'élégance ni d'originalité.

LANGUE D'OC

Champs pierreux, résonnant du chant des cigales, herbe rousse dès mai, collines décharnées montrant partout la roche, couvertes de lavande grise, parfumée et inutile ; arbres poudreux, oliviers tortueux et ternes, au maigre feuillage — tel est l'âpre et poétique Midi ; mais le soleil par-dessus tout cela fait une fête éternelle ; les yeux en sont remplis, l'âme pénétrée et réjouie. — Le Midi, le vrai Midi ne commence point avec les patois de langue *romane*; il commence avec le mûrier et l'olivier ; il est Gascogne, Languedoc et Provence : encore ne faut-il pas trop remonter la vallée du Rhône, ni escalader les pentes abruptes des Cévennes d'où descendent les torrents, ou les versants tourmentés du côté alpin. Le Languedoc en est le centre.

C'est là qu'il faut aller pour apprécier le contraste entre l'homme du Midi et l'homme du Nord et surtout de l'Ouest. Ici une population vive, énergique, gaie, toute en dehors, en saillies ; caractère mobile, tempérament fait de contrastes. Le paysan est rude, laborieux, intéressé ; superstitieux et souvent fanatique. Avec cela, certaine grâce, un charme, un langage coloré, imagé, passionné et vibrant. Là, dans son vrai milieu, la *langue d'oc*, la langue romane, est fort belle, autant qu'en Provence sonore et douce, débarrassée des rudes consonances gutturales gasconnes. Chantante, naturellement rythmée, elle appelle la rime ; aussi est-ce encore aujourd'hui un pays de chansons que ce pays des anciens *sirventois*[1]. Un grand mouvement de poésie s'est produit, depuis quelques années, dans tout le Midi, aussi bien en Languedoc qu'en Provence. Des hommes de talent, enchantés de leur bel idiome, ont tenté de lui donner un renouveau de splendeur littéraire. Ces successeurs des troubadours se sont donné à eux-mêmes le nom de *félibres*, sous lequel ils sont devenus célèbres. Ils ont créé des chansons, des poèmes, de grands poèmes même, et fort beaux. Ce n'est pas le génie qui leur a manqué, ni l'enthousiasme, ni l'admiration, non seulement de leurs compatriotes, mais encore des Français de *langue d'oil*. Mais il y a un malheur : c'est qu'il n'existe pas dans le Midi *une* langue romane commune, à peu près uniforme, mais bien un ensemble de *dialectes*, différents d'un lieu à un autre, que le français, qui gagne toujours, finira nécessairement par abolir.

Les fermes méridionales, les *mas*, comme on dit dans la région, sont des

1. Chansons satiriques.

CUEILLETTE DES OLIVES EN LANGUEDOC.

bâtiments rustiques dont la construction rappelle encore celle des *villas* romaines. Ce sont des maisons basses, de briques ou de pierres et briques mêlées, avec de grandes arcades à la façon romaine, formant autour de l'habitation des abris pour la récolte, pour les instruments de labour, avec de vastes toits. de tuiles à faible pente. Autour, des granges, des pigeonniers d'aspect pittoresque, les étables et les bergeries, la *magnanerie*, les hangars ouverts du pressoir au raisin et du pressoir aux olives, le tout d'ordinaire protégé contre les coups du *mistral* par un bouquet de grands vieux arbres. Les procédés de culture ont aussi gardé les formes antiques : c'est là, par exemple, que le battage des grains se fait encore par la vieille méthode du *dépiquage* indiquée dans la Bible. — Imaginez une aire de terre battue et durcie sous le soleil, couverte d'une épaisse couche de gerbes déliées ; des chevaux, souvent de jeunes chevaux de la Camargue, demi-sauvages, au nombre d'une douzaine ou davantage, retenus, au bout d'une longue corde prolongeant la bride, par un homme placé au centre du cercle, excités par les cris, par le fouet, qui trottent, bondissent, piétinent en tournoyant sans cesse à travers la jonchée, brisant les chaumes, mêlant la paille, écrasant les épis et secouant le grain, sous le soleil ardent, au milieu d'un nuage de poussière.... Spectacle pittoresque, sans doute, mais procédé désavantageux, que les autres régions agricoles ont remplacé avec raison par les fléaux et les machines *batteuses*.

A la culture du blé, du maïs, se joignent, pour le terrien du Languedoc, d'autres travaux auxiliaires : avec la vigne, bien compromise par le phylloxera, l'olivier et le mûrier sont les ressources du pays. Vendanges, cueillette, *feuillée*, sont, bien entendu, des occasions de fêtes pour ce peuple ami des fêtes. A l'époque de la récolte des olives, jeunes gens et femmes se répandent en groupes joyeux par les campagnes, dans les maigres bois d'oliviers ; les garçons montent aux arbres, abattent les fruits avec des gaules, ou les détachent à la main ; les femmes les ramassent à terre ou les reçoivent sur des toiles étendues, les entassent dans des corbeilles qu'on rapporte au *mas* en chantant. Les *magnaneries*, c'est-à-dire les établissements pour l'élevage des vers à soie, sont de simples hangars clos annexés à la ferme. Dès que s'ouvrent les premiers bourgeons du mûrier, les *magnans* sont éclos ; il faut chaque jour leur fournir la feuille; chaque jour, dès l'aube, les jeunes filles vont faire la récolte dans les vergers de mûriers, ce qui ne va point sans chants ni rires. ni cris de joie, — comme il convient partout où il y a des jeunes filles :

> Chantez, *magnanarelles*,
> Car la cueillette aime les chants[1]....

1. Mistral, *Mireio* (*Mireille*).

INTÉRIEUR D'UN MAS.

BELGIQUE WALLONNE ET BELGIQUE FLAMANDE

Ce petit État tout neuf qu'on appelle la *Belgique* est fait de deux pièces assez mal cousues, comme un vêtement mi-parti de deux étoffes de couleur différente. Il y a, si vous voulez, deux Belgiques ; et la limite est justement par le milieu : d'un côté à l'autre tout diffère, le physique, l'esprit et les idées, les mœurs et les coutumes, les costumes, le langage. Une des moitiés regarde la France et parle français, l'autre est tournée vers l'Allemagne et parle flamand, c'est-à-dire une langue germanique, peu différente du hollandais. La Belgique française, ou, comme on dit encore, le pays Wallon — Wallon, c'est-à-dire *Gaulois*, — est bien gauloise en effet, et toute nôtre: c'est une petite France. Quand on franchit la frontière vers Maubeuge ou Valenciennes, on ne s'aperçoit pas du tout qu'on ait changé de nationalité. Nous nous trouvons là comme chez nous, à Namur ou à Dinant absolument comme à Lille ou à Douai ; et la plus avancée au cœur du pays, la charmante ville de Liège, est de toutes encore la plus française. Dans les villes, ce sont nos costumes, notre parler, avec l'accent du nord ; et le *wallon* des campagnes est un patois français peu éloigné de celui des villageois aux environs de Lille. Bruxelles est justement à cheval sur la limite, mêlé des deux populations et des deux idiomes; mais la société instruite, dans le chef-lieu du double pays, est française de langue et d'idées, lit nos livres et nos journaux, suit nos modes, et considère Paris comme sa vraie capitale intellectuelle.

Les Belges, en général, sont bonnes gens, d'esprit bourgeois et économe, ennemis du changement et attachés aux vieilles coutumes ; la vie de famille est chez eux assez monotone. Gais cependant, amis du rire et des bons repas, ils éprouvent le besoin de se divertir une fois de temps en temps ; et alors c'est bruyamment et toute bride lâchée.... Le trait national en Belgique est le goût des fêtes populaires à grand vacarme, des *kermesses*, c'est-à-dire des foires, avec baraques et cuisines en plein vent, avec processions à n'en plus finir, immenses cavalcades tapageuses, chars dorés, oriflammes au vent, vêtements bariolés, cris et chants, parades et marionnettes, fanfares, carillons de cloches et pétards : tout ce qui brille et fait du bruit, tout ce qui éblouit et étourdit. Un amusement très populaire et d'ancienne tradition est la *Promenades des Géants*, sorte de procession burlesque où l'on fait circuler par les rues d'immenses mannequins d'osier couverts d'oripeaux brillants et ridicules, sortes d'énormes poupées à faces enfantines et bonasses, figurant, selon certaines légendes, des *géants* dont les noms changent selon les lieux, au milieu d'un concours énorme de foule, au son des instruments, parmi les applaudissements et les cris de joie des bambins; divertissements qui finissent toujours par de copieuses *mangeries* : on est très bon convive chez nos amis les Belges.

La Flandre fut, un temps, le pays le plus riche du monde. Les grandes villes populeuses, pleines de « métiers battants », avaient de puissantes armées. Vivantes, libres, travailleuses, querelleuses aussi et toujours rivales entre elles, elles élevaient des cathédrales merveilleusement brodées de la tête aux pieds et comme vêtues de dentelles, des *hôtels de ville*, des *halles*, des *maisons communes* plus hautes, plus vastes, plus brodées que les cathédrales, des *beffrois* plus pleins de cloches joyeuses, plus fiers et plus découpés à jour que des clochers. Tout cela est aujourd'hui bien déchu. Les villes sont dépeuplées : Ypres est un désert, Bruges une solitude ; le carillon des clochers sonne les heures à travers les rues vides où quelques passants silencieux glissent comme des ombres. Malines, Audenarde sont presque aussi mortes. Gand même, qui commence à se relever, est encore trop grande de moitié pour sa population. Anvers seule, toute maritime, plutôt hollandaise que flamande, prospère.

Les Flamands sont en général des hommes de taille moyenne, blonds ou châtains ; les jeunes femmes sont florissantes, d'un beau teint rose et blanc. Ce sont de bonnes gens, en somme, tranquilles, pacifiques, travailleurs, hommes d'affaires; moins économes pourtant que les Hollandais, moins toqués aussi de luxe et de bijoux, moins fanatiques de propreté minutieuse, mais plus ouverts, plus gais, de grosse gaîté. Plus encore que les Wallons, ils aiment les fêtes populaires, les offices pompeux, les processions solennelles, les foires, les kermesses, les jeux à tapage et à bousculade, les noces, les danses à tournoiement, la musique à grand vacarme, et par-dessus tout, dit-on, les ripailles et les *buveries*. Ce qui vaut mieux, ils goûtent aussi les arts, les tableaux, les beaux édifices. Une bonne note encore : de même que leurs voisins et frères les Hollandais, ils adorent les belles fleurs, aux couleurs vives et brillantes, qui réjouissent un peu les yeux sous ce ciel presque toujours gris : la Flandre est le pays des fleurs. Gand n'est qu'un jardin, orné de serres merveilleuses.

Il n'y a rien à dire des costumes de la Belgique Flamande non plus que de la Belgique Wallonne, beaucoup moins caractérisés que ceux de la Hollande, et qui n'ont rien de bien original. Dans les villes et chez les bourgeois, ce sont plus ou moins nos modes françaises; chez le peuple et dans les campagnes, des costumes ouvriers ou paysans peu différents de ceux du nord

La promenade des Géants à Bruxelles.

français aux environs de Lille ou de Dunkerque; et les rudes vêtements des marins et mariniers des ports et canaux sont toujours et partout à peu près les mêmes.

CARILLONS FLAMANDS

Un goût tout particulier aux villes du Nord, villes des Flandres françaises, telles que Bergues et Dunkerque, aux cités belges, flamandes ou wallonnes, comme Gand, Bruxelles, Anvers, et à toutes les villes et même les villages des Pays-Bas, c'est le goût poussé à l'excès des sonneries et des carillons. — « Ici la cloche parle à la foule. Elle convoque les échevins de la commune, ses corporations; elle carillonne pour ses joies; elle tinte à glas ses deuils; elle lui sonne son repos; elle l'appelle aux armes. Au temps où ces grandes agglomérations, puissantes, remuantes, entourées d'ennemis, étaient toujours sur le qui-vive, un coup de battant, comme une syllabe magique, donnait la fièvre à la cité. « *Roland! Roland!* » dit l'inscription de la grosse cloche de Gand, « *si je tinte, incendie! pleine volée, c'est soulèvement!* » (C. Delon, *le Fer.*)

Toutes les villes ont, dans leurs *beffrois* ou leurs clochers, des *carillons*, des séries de cloches nombreuses et différentes de tons, soigneusement accordées, qui jouent des airs, non plus seulement des *batteries*, le plus souvent des airs populaires, des chansons que tout le monde sait par cœur dans le pays. Pour mieux vous donner une idée de ce que c'est qu'un carillon, si vous n'en avez jamais entendu, écoutez le tintinnement argentin d'une de ces petites boîtes à musique comme il y en a partout : seulement le carillon est une boîte à musique gigantesque, qui sonne pour toute une cité.... Et cela encore ne vous rendra pas l'impression singulière de ce concert de cloches qui éclate subitement dans les airs aux heures tranquilles du matin ou dans le silence du soir. Des accords s'échappent de la cage de pierre du beffroi; puis la mélodie se détache en notes rythmées, tandis que les grosses cloches lourdement bourdonnent la basse et que de petites clochettes, au timbre clair et aigu, brodent par-dessus des envolées d'arpèges, de trilles, de gammes montantes et descendantes, qui s'éparpillent dans le ciel, courent par les rues et entrent dans les maisons par les fenêtres.... Chaque heure ou chaque quart d'heure, les airs se répètent, toujours les mêmes : comme dans la boîte à musique, c'est un mouvement d'horlogerie, mais gros à proportion, une lourde et forte machine, mue par des poids énormes, qui soulève les marteaux et les fait retomber sur les cloches. Les plus beaux carillons ont soixante ou même quatre-vingts cloches, qui forment une série complète de notes, comme sur un clavier de piano. Dans ce cas, outre l'air traditionnel, tinté à chaque heure, en certains jours un *carillonneur* vient donner un concert aérien à la ville. Dans une chambre du beffroi est disposé une sorte de clavier à larges et fortes touches, les unes pour les mains, les autres, appelées *pédales*, pour les pieds; chacune, par des leviers, des tringlettes de fer, correspond au marteau qui met en vibration une des cloches. Le *carillonneur* s'assied à son banc, en bras de chemise et pantalon de toile, tête nue; puis, à coups de poings et à coups de pieds, s'escrime sur les touches et sur les pédales, — rude exercice! Ce n'est plus un air mécanique alors, mais une vraie musique, neuve, parlante, comme celle qu'un pianiste improviserait sur son instrument, qui vibre sur les têtes des passants et que le vent porte aux fenêtres des mansardes, aux cours profondes, aux sombres arrière-boutiques, partout où des oreilles charmées se tendent pour écouter.

LES HOLLANDAIS

« Curieux, singulier pays, dit le voyageur qui passe seulement; pays des moulins à vent et des bateaux, des tulipes, et de la propreté.... » — Mais il y a aussi autre chose; et l'histoire même montre dans les Hollandais des travailleurs héroïques, des hommes dévoués à leur patrie et à la liberté. Ils ont résisté à la mer et à Louis XIV. Et quand ils eurent à choisir entre deux ennemis, ils choisirent la mer, et submergèrent leur pays plutôt que de le laisser prendre. La Hollande, ou *Nederland*, dont nous traduisons le nom par *Pays-Bas*, est très plate et très basse, même en certaines parties plus basse que le niveau des eaux marines. Depuis des siècles et des siècles, la guerre, la grande guerre est entre le Hollandais et la mer : à qui aura la terre! Celle-ci a vaincu parfois; et alors ce furent d'effroyables inondations, noyant des régions entières avec des villes, des centaines de villages et des habitants par centaines de mille, comme celle qui, en quelques heures de tempête, a *mangé* du pays un terrible morceau, fait au milieu de la plus riche contrée un trou énorme et créé le *Zuidersee*. Mais l'homme se défend; avec des digues, des fascines, chose curieuse, des clayonnages, il brise les lames et arrête la mer, qui est pourtant la mer du Nord, très colère, et ayant de très fortes marées. Peu à peu, avec patience, il lui reprend le sol. Dans ce pays on dessèche non seulement des étangs et des marais, mais des lacs fort vastes, que l'on transforme en cultures appelées *polders*. S'il le faut, on fera boire aux pompes toute l'eau du lac. — Or le terrain mis à sec, l'eau revient, filtre en dessous; les pluies s'accumulent, ne pouvant s'écouler; il faut continuer de pomper, et sans cesse.... C'est à cela que servent les milliers de moulins à vent, si bizarres d'aspect, plantés le long des digues. Toute l'immense plaine est coupée de canaux. C'est là qu'on voit, effet étrange à l'œil, au milieu des prairies plates, à perte de vue, à travers les troupeaux qui errent, passer et repasser la multitude des voiles qui vont et viennent, se croisent : on n'aperçoit pas l'eau du canal, cachée par le faible relief et les roseaux des berges. Au milieu des villes et des villages, également coupés par des canaux, le long des rues, entre les maisons, on voit circuler les bateaux; et de distance en distance, des ponts de bois, ingénieusement suspendus, se lèvent pour les laisser passer.

Dans un pays demi-submergé d'eaux dormantes et par lui-même pas très sain, la propreté est une condition de la vie. Mais en Hollande elle est poussée à l'excès. Figurez-vous des villages où les rues, carrelées, sont lavées et frottées comme chez nous le parquet; où les façades des maisons, en brique rouge, peintes de vives couleurs, sont lavées aussi à chaque instant. A l'intérieur des habitations la seule propreté est déjà un luxe : tout brille, tout reluit, meubles, vaisselle, ustensiles, plancher. Même dans les plus pauvres cabanes de pêcheurs ou de paysans, une éclatante netteté ressemble à la richesse. Mais la pauvreté est rare, dans ce pays d'économie, où les hommes sont laborieux, sobres, en général, rangés, les femmes excellentes ménagères; où se montre partout et jusque dans les plus petites choses un esprit d'ordre et de régularité qui va parfois jusqu'à la minutie. Tout est régulier, brillant et propre, jusqu'aux cultures, alignées, divisées en compartiments géométriques, jusqu'aux jardins, où tous les quartiers égaux, rectangulaires, les allées tirées au cordeau ne laissent pas voir un brin d'herbe; les légumes sont plantés en rangées correctes, et les arbres même taillés en boules, en cubes, en cônes, en pyramides et, plus que cela, *peints*! — Pour le coup, c'est trop! Les Hollandais, amis des couleurs vives, qui sous un ciel brumeux, leur réveillent un peu les teintes grises du paysage, ont une passion pour les fleurs, surtout pour les fleurs brillantes et multicolores, les œillets panachés, les tulipes resplendissantes.

Les *Néerlandais* tiennent beaucoup à leurs vieux usages, comme à leurs vieux costumes, qui sont variés et riches, différents pour le détail selon les lieux, les rangs, les professions, et de couleurs tranchées, toujours. Les hommes portent les culottes courtes, avec une ceinture à boucle d'argent, un gilet, souvent rouge, brodé à grandes fleurs, à gros boutons de métal; une veste de velours noir complète l'habillement. Les riches paysannes portent de gros et lourds pendants d'oreilles, et, sur le front, sur les tempes, de larges plaques d'or ciselées, ornements plus bizarres que jolis; tandis qu'un scrupule de modestie, modestie fort mal entendue, à coup sûr, les force à cacher

Intérieur hollandais.

absolument leurs cheveux, parure bien plus *naturelle* cependant, et mieux séante, infiniment plus gracieuse aussi que tous les bijoux du monde.

LES SUISSES

Trois hommes, un Gaulois, un Germain et un Latin, qui se seraient trouvés enfermés dans une forteresse, différents de tempérament, de mœurs, de croyances et anciennement ennemis; qui, après s'être quelque peu chamaillés, voyant qu'ils sont forcés de vivre ensemble, en seraient arrivés à se dire qu'il vaut mieux vivre en paix, oublier ses querelles, s'entr'aider: voilà la figure de la petite nation suisse. La forteresse, c'est la barrière des Alpes d'un côté, et de l'autre le mur du Jura, qui ne laissent qu'une porte ouverte du côté de la France; d'où il suit qu'entre nous et nos voisins la communication est facile et les visites nombreuses. Trois races principales ont peuplé la Suisse, non pas complètement mêlées, mais juxtaposées, chacune dans ses *cantons*; ou, si vous voulez, il y a trois Suisses : et si l'on s'en tenait au langage, il faudrait dire quatre. Il y a la Suisse française, de langue et de mœurs; la Suisse allemande, qui, avec le parler, a quelque chose aussi du tempérament allemand; la Suisse italienne, qui parle le sonore italien; et de plus, dans certaines parties des montagnes (Grisons), se conserve un patois, dérivé du latin comme le français et l'italien, qu'on nomme le *roumanche* (c'est-à-dire le *romain*). A force de vivre de la même vie, la vie des montagnes, ces gens d'origine diverse en sont venus à se ressembler par bien des côtés; ils sont *montagnards*, et c'est ce qui les fait Suisses.

Les Suisses sont communément des hommes vigoureux, carrés, un peu lourds, un peu lents, mais solides, courageux, persévérants et sages. Les habitants des villes, dans les vallées, au bord des lacs, sont très industrieux et habiles travailleurs. Leurs métiers principaux sont: l'horlogerie, les tissus, les dentelles. Ajoutez une autre industrie, à laquelle ils feraient bien de renoncer: celle qui consiste à exploiter impitoyablement, honteusement, les voyageurs qui viennent visiter leur beau pays. Ce sont les touristes anglais qui les ont gâtés à cet égard.

Trop bouleversé de monts et de torrents, couvert de forêts et de pâturages, ce sol laisse peu de place aux cultures : le terrain y est peu productif. Aussi beaucoup de Suisses sont-ils forcés de quitter leur patrie pour chercher vie ou fortune à l'étranger, surtout en France. Ils émigrent; ils viennent dans les plaines, dans les villes; ils se font ouvriers, gardes, soldats, cuisiniers souvent ou pâtissiers.

LA TRAITE DU SOIR PRÈS DES CHALETS.

Le trait le plus remarquable de la Suisse, c'est la vie des bergers et bûcherons des Alpes, habitants des chalets, des hameaux forestiers dans les montagnes : ce sont les vrais *paysans* des *pays* alpestres, les vrais hommes de la terre. L'hiver, les neiges descendent jusqu'au pied des monts qu'elles enveloppent comme d'un linceul ; alors bergers et troupeaux sont ramenés dans les plaines et au fond des vallées, abrités dans les fermes et les étables. Mais dès que le souffle du printemps fait fondre neiges et glaces, que le manteau blanc des Alpes, raccourci par le bas, découvre les premiers contreforts, les vachers partent avec les vaches pour profiter des herbages mis à nu ; à mesure que les neiges se retirent, ils montent de plus en plus haut. Ils passent tout l'été sur ces hauts pâturages qu'ils appellent des *alpes*. Les troupeaux se répandent sur les prés, en demi-liberté ; chaque matin et chaque soir on les réunit pour la *traite* aux environs du *chalet*. Cette maison d'été, vide l'hiver, grossièrement construite avec des troncs de sapins superposés, couverte de planches qu'on charge de grosses pierres, de peur que le vent n'emporte la toiture, c'est la demeure du montagnard, en même temps la fabrique et le magasin. On y recueille le lait, on y moule des fromages. Éloignés des hameaux, des fermes, pendant toute la saison chaude les bergers alpins descendent rarement dans la plaine. Ils surveillent le bétail, vivent de pain noir et de laitage, et voient, de loin, au fond de la vallée, leur toit familial à travers les nuages. Quelques-uns sculptent des jouets de bois. Parfois, le soir, à l'heure de la traite, ils font retentir les échos lointains des sons du *cor des Alpes*, instrument de bois, droit, plus haut que l'homme, qu'on ne peut emboucher que du haut des rochers, et dont les mélodies rustiques, adoucies par la distance, résonnent au loin, graves et mélancoliques. — Une de ces mélodies nationales, célèbre sous le nom de *Ranz des vaches*, fort belle d'ailleurs, n'est pas autre chose qu'un appel aux bergers pour réunir les vaches autour des chalets :

Liauba ! liauba, por aria !...

« Venez, venez pour la traite ! » clame en patois la simple chanson pastorale. — On dit que si, loin de leur pays, les Suisses voyageurs ou émigrés viennent à entendre ces airs qui leur rappellent leur enfance et la libre vie des chalets, ils ne peuvent retenir leurs larmes ; et plus d'un, à cet appel lointain de la patrie, renonçant à son exil volontaire, abandonne son établissement commencé, son engagement contracté, son espoir de fortune, et les villes travailleuses et les plaines fertiles, pour reprendre le chemin de ses montagnes.

L'ALSACE ET LA LORRAINE

Germanique de langage, oui, mais pour plus de moitié gauloise par la race et de cœur toute française, telle était l'Alsace, qui semblait mise là tout exprès pour être un lien, un trait d'union entre deux nations diverses de tempérament et de génie, mais faites pour s'entendre et vivre en paix, échanger du travail et des idées. Il en sera peut-être, il en sera sans doute ainsi, plus tard, quand les peuples seront devenus sages. En attendant, par l'effet des ambitions princières et de la sotte gloire des conquêtes, elle reste une menace de guerre et une cause de ruine pour l'Europe tout entière.

Que l'Alsace fût française de cœur, et la Lorraine plus encore, s'il est possible, il a bien fallu l'avouer, quand un si grand nombre de leurs habitants, mis brutalement en demeure de choisir entre la servitude et l'exil, ont *opté* pour la France, abandonnant pays, famille, parenté, intérêts, habitudes, tout : et la maison ancestrale, et les champs paternels, le coin de bois, et le village natal, ou bien le commerce laborieusement établi, la fortune commencée. De riches propriétaires du pays ont vendu pour rien terres et châteaux ; de grands industriels — j'en sais quelques-uns — ont abandonné de puissants établissements, avenir de leur famille : cela, pour rester Français. Et combien d'autres auraient fait de même, si des attaches impossibles à rompre, ou des devoirs impérieux, ou la nécessité implacable du pain quotidien ne les eussent rivés au sol conquis ! « Si tous ceux de chez nous qui auraient bien voulu partir avaient pu partir, me disait, *en allemand*, un paysan de la montagne Lorraine, voisin de Neuf-Brisach, il ne serait resté ici que les arbres ! »

L'Alsacien est, en somme, un « tempérament tempéré » et heureux ; il a du germain, il a du gaulois. Moins imaginatif, moins poète que l'Allemand, il est plus positif, plus pratique, moins facile à tromper. Par les mœurs, il est familial comme l'Allemand, cordial comme le Français. L'Alsace est un pays d'abondance, un pays franc et social, où l'on aime le plaisir, le plaisir en commun, les réunions, les festins. On festine beaucoup, et souvent, et avec entrain, au pays de l'*Ami Fritz* ; on mange bien, on boit un bon coup, on trinque avec gaîté. Tout est occasion de fête et de banquets : baptême, fiançailles, mariage, — enterrement aussi : après les obsèques un repas funèbre réunit les parents et les amis du défunt, coutume qui me semble venir de loin, sans doute des Romains. — De même les repas de corporations, de

PAYSANS ALSACIENS DES BORDS DU RHIN, D'APRÈS UN TABLEAU DE JUNDT.

sociétés, sont fréquents et copieux : menus traditionnels, vins du pays, clairets et francs; décidément, c'est un joyeux peuple. — *C'était*, surtout, avant que la froideur, l'esprit policier de la Prusse, avec son envahissement de fonctionnaires et de garnisaires, eût mis dans toutes les relations certaine gêne, semé des défiances et des divisions. On parlait à cœur ouvert, on discutait ferme et haut, et la discussion finissait par une rasade. Mais aujourd'hui... — chut! on ne sait pas qui peut entendre....

Dans les grandes villes et parmi la société aisée, là comme partout, le costume national disparaît sous l'ennuyeuse uniformité moderne. Bien porté, bien orné, il était pourtant caractérisé et pouvait devenir très élégant et très riche, l'ancien costume alsacien : jupon écarlate, corsets gracieusement échancrés, étroits tabliers à piécette, larges chapeaux de paille, selon la saison, ou le gros nœud de ruban noir que nous autres Parisiens saluons encore à chaque instant dans nos rues; une aiguille à grosse tête traversait le chignon; les jeunes filles laissaient pendre de riches tresses blondes. Tout cela ne se retrouve plus que dans les campagnes et chez les gens du peuple, à l'état appauvri, terni quelque peu. Les paysans ont conservé dans les villages le grand gilet rouge et la culotte courte, le large tricorne dont un côté est rabattu. — Aux jours de fête, aux repas de fiançailles, aux cortèges de noces, il éclate encore, ce costume, enjolivé de rubans et de fleurs. Toutes sortes de gaîtés, de plaisanteries locales animent la scène : ici ce sont les jeunes gens qui arrêtent la marche joyeuse avec une corde tendue en travers de la rue, exigeant pour le passage une courtoise rançon, tandis que les garçons tirent en l'air des coups de feu, sonnent des fanfares de trompes ou de clairons; ailleurs des enfants escortant en grande pompe un pâté monumental.... Les maisons rustiques, bâties de bois en partie, à la façon allemande, isolées dans les champs ou groupées en villages, ont quelque chose d'avenant, avec leur physionomie antique, leurs grands toits, leurs grands balcons, leurs lucarnes ajourées.

La plaine d'Alsace, vers le Rhin et l'Ill, est un pays de culture, très fertile en certaines parties; les paysans y sont aisés, les villages coquets. La Lorraine montagneuse a plutôt des bois et des pâturages; elle a ses fromageries qui rappellent les chalets suisses, ses bûcherons dans les forêts, ses *scieries* rustiques au bord des torrents. Toute cette région naguère française est aussi une région de grande industrie et de grandes usines très actives; mais tandis qu'en Alsace l'industrie principale est celle des fils et des tissus, la Lorraine, sol minier, a surtout des charbonnages, des forges, des salines.

LE DROIT DE PASSAGE, D'APRÈS UN TABLEAU DE BAPST.

LES ALLEMANDS

Je demande, tout d'abord, qu'on ne confonde pas un peuple avec son gouvernement. Cela dit, entendu, compris, il nous sera facile d'être juste à l'égard de nos voisins d'outre-Rhin. Si parmi eux bon nombre de personnages, plus ou moins payés pour cela, ont la manie de dépeindre les Français sans exception comme gens méprisables et haïssables à tous les égards, ayant tous les vices et pas une vertu, — c'est là un ridicule... qu'il faut leur laisser.

Et puis encore faudrait-il dire, comme on disait autrefois, *les Allemagnes*. Car ni pour la race, ni pour les mœurs, ni pour l'histoire, l'Allemagne du Rhin n'est l'Allemagne de la Sprée; l'Allemagne du sud et de l'ouest, la Franconie, la Bavière, la Thuringe, etc., ne sont pas la Prusse. De tous les pays d'Allemagne, le moins allemand en toute chose, c'est justement cette Prusse qui est en passe d'absorber tous les autres....

Un mot de la race, d'abord. Les purs Germains aux cheveux blonds, aux yeux bleus ou gris, ne sont pas en majorité aux pays germanisants; à peine font-ils le tiers, en certaines parties, ailleurs le dixième de la population. Le reste, composé de bruns et de châtains, rappelle davantage les *Celtes*; et, en Bavière, par exemple, le fond de la population est vraisemblablement gaulois d'origine, comme en Alsace, malgré la langue.

Les vrais Allemands du centre et de l'ouest — j'entends ici les gens du peuple, mettant à part les fonctionnaires et militaires dressés à la servitude prussienne, j'entends surtout aussi les gens des campagnes et des petites villes — sont en somme de braves gens, un peu lourds, un peu lents, laborieux, persévérants, hommes de famille, très attachés à leurs us locaux, très occupés de leurs petites affaires et pas du tout ambitieux de conquérir le monde. Pacifiques de tempérament, différents de nous autres, on eût bien pu s'entendre avec eux. L'Allemand est réfléchi; il aime l'instruction et la science : il y a eu de tous temps de grands savants au delà du Rhin. Il a l'instinct des beautés de la nature, le goût de l'art et, avec une certaine naïveté, un sentiment très vif de la poésie et de l'idéal : cela l'a soutenu à travers les tristesses de son histoire réelle; car nul peuple n'a été plus foulé, plus malheureux. L'Allemagne est le pays des légendes, des vieilles histoires chevaleresques, le pays de contes de fées et de revenants.... C'est là que des chevauchées de fantômes parcourent les forêts, la nuit, au son du cor; que les vieux châteaux croulants sont hantés de spectres et de sorcières! L'imagination rêveuse, un peu nuageuse, de nos voisins se complaît dans ces créations fantastiques. Et, en leur qualité de rêveurs, ils sont musiciens de nature : les plus grands musiciens du monde appartiennent à l'Allemagne. Ce goût est répandu, même parmi le peuple; partout on chante en chœur, on fait de la musique en famille, entre voisins; dans chaque petite ville, dans chaque village il y a de petites sociétés musicales intimes, de bourgeois, d'artisans, de paysans même, qui se réunissent tantôt chez l'un, tantôt chez l'autre, pour jouer des *quatuor*, essayer une *messe*, un *motet*.... La vie de la maison, un peu monotone, en est égayée.

La vraie maison allemande, dans les campagnes, dans les villages et les vieux quartiers des villes, est en partie de bois, à grosses poutres, à gros poteaux apparents, escaliers extérieurs, balcons, toits en avancée, pignons aigus sur la façade; irrégulières, inégales, elles rappellent nos maisons du moyen âge. Hautes et sombres, dans les petites rues étroites des grandes villes, dans les villages et les campagnes elles ont un air de gaieté, entourées qu'elles sont de jardinets, ornées de rosiers, de vignes, de plantes grimpantes; elles expriment la simplicité et la paix intime. Les Allemands sont en général hommes d'intérieur et de vie en famille; les femmes, bonnes ménagères, sont avenantes, les jeunes filles gracieuses. — Avec ces mœurs paisibles, notre voisin a un défaut : une soumission passive et trop résignée, quasi servile pour tout ce qui s'appelle noblesse, richesse, autorité, fonctionnaire, gouvernement; une crédulité extrême pour ce qui est *officiel*. On a fait croire à ces gens-là, on leur a fait faire tout ce qu'on a voulu : ils n'ont pas le fier sentiment de l'indépendance, — du moins, tous ne l'ont pas.

Eh bien, ce défaut-là est en train de leur faire perdre toutes leurs bonnes qualités avec leurs mœurs familiales. La Prusse soldatesque et point du tout artiste les façonne à sa manière, qui est la manière de caserne. Les voilà casernés, enrégimentés, caporalisés, menés à la baguette et au bâton, asservis, grugés et foulés par les fonctionnaires, et de plus méprisés : du même coup rongés d'impôts, ruinés. On ne chante plus guère dans les villages; on pense au service militaire, aux taxes,... on rêve d'émigrer. Et en effet on émigre, par centaines et centaines de mille chaque année. — Ah! ils commencent à comprendre qu'en réalité ce sont eux qui sont conquis....

Sous la discipline prussienne, l'Allemagne *prussifiée* voit disparaître aussi ce qu'elle avait de gracieux et d'original, de varié, les coutumes locales, les costumes locaux. Dans les grandes villes, les hommes de la société aisée, les fonctionnaires, ont pris le banal costume européen, qui est le costume français mal porté; les dames riches s'habillent à la mode de Paris, sans le goût de Paris. Les gens du peuple et surtout des campagnes ont encore quelques traits des pittoresques costumes d'autrefois, souvent très jolis, toujours curieux, qui comme les maisons elles-mêmes, les églises et les vieilles tours de ville, les vieux châteaux, mieux conservés que partout ailleurs, gardaient un certain aspect moyen âge, j'allais dire gothique. — La partie de l'Allemagne la plus intéressante à visiter sous ce rapport, c'est la Forêt-Noire, qui est comme une petite Suisse, et, en général, toute la région montagneuse du sud et de l'ouest.

LA PASSION A OBERAMMERGAU

Un trait curieux de l'amour des Allemands pour les spectacles, c'est que chez eux, dans les campagnes, s'est conservée la tradition, abolie partout ailleurs, des *Mystères*, des drames sacrés du moyen âge, dont les acteurs ne sont pas des comédiens de métier, mais des gens du peuple, des artisans, des marchands.... Au village d'Oberammergau, en Bavière, célèbre de ce fait, tous les dix ans le *Mystère de la Passion* est représenté avec une pompe, des recherches d'art et de vérité, un sérieux d'application et d'enthousiasme qui en font une véritable solennité artistique. Le drame se déroule en plein air, à la manière du moyen âge et aussi des tragédies antiques, dans un lieu élevé, sur une sorte d'échafaud construit pour cet usage; il a pour enceinte et pour décor un merveilleux horizon de montagnes, pour dôme le ciel.... La foule, venue des villages lointains, avec des costumes variés, se tasse comme elle peut, sur la bruyère; là sont aussi des touristes de tous pays, des curieux, des artistes, par milliers et milliers, attirés par l'étrangeté du spectacle. Les acteurs, au nombre de plusieurs centaines, prennent leur rôle au sérieux, l'étudient avec ardeur, le jouent avec une ferveur naïve et forte, qui communique aux spectateurs une émotion irrésistible, une illusion poignante de réalité. Le jeune homme qui représente le personnage du Christ se prépare pendant des années entières à soutenir ce rôle écrasant, à donner à son visage, à sa chevelure, à sa barbe, à toute sa démarche une conformité exigée avec le type consacré par l'art et les traditions; et ce rôle est si ébranlant pour celui qui le remplit avec une telle conviction, en même temps si pénible physiquement par sa longueur et ses fatigues inouïes, qu'un jour, s'il faut en croire une légende du pays, l'acteur figurant Jésus, au moment du sacrifice suprême, expira en réalité sur sa croix, d'émotion surhumaine et d'épuisement.

LE MYSTÈRE DE LA PASSION A OBERAMMERGAU.

LES HONGROIS

Tout au centre de l'Europe, la Hongrie est le lieu du mélange des peuples. Les Romains avaient occupé le pays; puis vinrent les Goths, les Vandales, et toutes sortes d'autres barbares, enfin les Avares et les terribles *Huns*, sortis des plaines de l'Asie. Plus tard encore les *Madgyars* ou *Magyars* envahirent le territoire; mêlés aux restes des anciennes populations, ils formèrent la nation *Hongroise*. — Ces Hongrois barbares étaient si farouches que les gens du moyen âge, dans leur épouvante, les confondaient avec les *Ogres* des légendes, mangeurs de chair crue et de petits enfants.... Civilisés avec le temps, ils restèrent guerriers redoutables et se défendirent héroïquement contre les Turcs, qui finirent cependant par les écraser. — Les Magyars étaient jadis presque tous *pasteurs*, et gardaient dans les plaines herbeuses, coupées de rivières, d'immenses troupeaux. Mais, le sol de ce territoire étant extrêmement fertile et très propre à la culture du blé, les habitants aujourd'hui, pour la plupart, se font agriculteurs.

Les Magyars sont très fiers de leur pays, très attachés à leur patrie, braves et loyaux. Ils ont une langue d'origine fort ancienne et tout à part des autres langues européennes, une littérature nationale, des poèmes, des chansons, des danses très vives, une musique d'un caractère particulier; ils aiment les réunions, les fêtes, les jeux d'adresse et l'exercice du cheval. Leur costume national de fête est très riche : jaquette courte, rouge ou bleue, ouverte, échancrée au col, fendue aux manches, ornée de gros boutons de métal, laissant voir une chemise bouffante et festonnée; souvent une cravate de soie, un surtout de drap blanc, brodé de fleurs; caleçons de toile à longues franges flottantes, bottes à éperons; puis un petit chapeau rond orné de rubans, de plumes et de fleurs. Ajoutez, pour les militaires, le grand sabre de cavalerie recourbé, et la *sabretache* pendante au bout de longues courroies. — C'est ce costume qui, modifié pour s'adapter à nos usages militaires, est devenu l'uniforme de nos *hussards*. Le vêtement des femmes est élégant et joli : des jupons courts, un tablier étroit, un corsage à manches larges et flottantes; sur la tête un bonnet en façon de couronne ou de diadème, auquel souvent pend une sorte de voile qui retombe sur le cou et les épaules. Les broderies, riches et variées, les vives couleurs donnent à cet habillement un air de richesse et de gaieté.

L'ITALIE ET LES ITALIENS

« Trop belle ! a dit un Italien en parlant de l'Italie; cela lui a porté malheur ! » — C'est vrai. Ce pays, en effet, est un des plus beaux du monde. Un climat doux, un ciel bleu, un soleil radieux, des pluies tièdes; des montagnes superbes, les Alpes, et d'autres moins élevées, mais très gracieuses, des rochers de marbre, des forêts, des collines couvertes de bois et de vignes, des plaines qui sont des corbeilles de fleurs et d'épis, des champs qui sont des jardins, des villes splendides et de riants villages; les palmiers, l'oranger, l'olivier, les vins, — et surtout la mer, une mer qui est la Méditerranée, c'est-à-dire la plus belle qu'il y ait sous le ciel : l'Italie avait cela; tous ont voulu la prendre. Tous, pour l'avoir, l'ont ravagée, à commencer par les Italiens : ces Romains, par exemple, qui s'emparèrent comme des brigands qu'ils étaient des terres et des villes des autres peuples latins avant d'aller dévaster le reste du monde. Puis vinrent les barbares, les Gaulois, plus tard les Goths, les Vandales, les Huns, les Sarrasins; au moyen âge, les Français, les Espagnols, les Allemands, qui tant de fois ont pillé le pays; enfin les Autrichiens, qui en ont pris un grand morceau et l'ont gardé jusqu'à ces derniers temps.

Bouvier de la campagne de Rome.

Les Italiens sont un peuple mêlé de diverses races, mais parlant tous une même langue, la langue italienne, douce et sonore, dérivée du latin ancien comme notre français lui-même. Ce sont, en général, des hommes de taille moyenne, bruns de teint, noirs de cheveux, avec des yeux noirs très vifs. Les femmes italiennes sont renommées pour leur beauté. Ces gens sont naturellement artistes ; ils ont du goût pour la poésie, le chant, la musique ; les hommes du peuple même, sans instruction, s'intéressent à la peinture et à la sculpture, savent admirer un tableau, une statue, un monument. Ils ont la parole vive et facile; ils aiment les conversations bruyantes, les récits joyeux, tous les plaisirs, le jeu, les danses animées du pays, au son de la musette ou du tambourin, le rire et le *farniente* (c'est-à-dire le *rien faire*). Et cependant ils sont beaucoup moins paresseux qu'on ne l'a dit; ils savent être actifs et laborieux quand cela est nécessaire. Mais ils ont une certaine insouciance naturelle, parce qu'ils ont peu de besoins : on vit de peu de chose, sous ce beau climat, et à bon marché. Ils sont très sobres, ce qui est une grande qualité, économes, persévérants. L'Italien a l'accueil très gracieux, des manières avenantes; mais il est, dit-on, susceptible et prompt, vindicatif : on lui reproche une certaine dissimulation. — Le grand malheur de l'Italie, c'est l'ignorance et la misère du peuple. Certaines parties de ce beau pays, autrefois si riche, si fertile, sont mal cultivées, presque abandonnées.

Paysanne italienne.

Le costume des femmes italiennes est fort gracieux, toujours de couleurs vives et tranchées : la robe longue, le tablier, la camisole brodée, le corsage élégamment échancré, une sorte de voile couvrant la tête et retombant sur les épaules sont les parties essentielles de ce vêtement, qui varie du reste selon les pays, et que les Italiennes aiment à relever par des bijoux, colliers, bracelets et pendants d'oreilles. Les hommes portent le pantalon étroit, le gilet, le veston très court, le chapeau de feutre; ce costume est beaucoup moins joli que celui des femmes

GAÎTÉS ET SUPERSTITIONS NAPOLITAINES

A Naples, comme dans toutes les villes d'Italie, les gens du peuple seuls ont un costume national et caractéristique, des mœurs curieuses, des idées à eux, des jeux, des plaisirs qui ne sont pas ceux de tout le monde et de partout. Le vêtement des hommes de la ville et de la plage, pêcheurs, bateliers, porteurs, est simple et pittoresque, surtout pittoresquement porté, car en lui-même il n'a rien de remarquable: le pantalon souvent relevé jusqu'aux genoux, le gilet court, la ceinture d'étoffe; par-dessus, quelquefois, une jaquette très courte; mais, le plus souvent, l'homme du peuple va en manches de chemise; encore volontiers les retrousse-t-il jusqu'au coude. Ajoutez le bonnet rouge, le fameux bonnet phrygien, usité sur toute la côte méridionale, ou bien un feutre assez pointu. Le costume des femmes est plus joli : robe un peu courte, tablier étroit, corsage ouvert avec une guimpe de lin, ou bien un mouchoir croisé sur la poitrine, un petit châle; sur la tête, la coiffe du pays, plate et large en dessus, avançant sur le front, avec une sorte de voile retombant sur le cou et les épaules, ou, tout simplement un mouchoir noué sur les cheveux; tel est le vêtement, auquel l'éclat des couleurs donne un aspect agréable et gai.

Ah! ce n'est pas tout à fait de leur faute si les Napolitains sont paresseux comme on le dit. Il leur faut si peu de chose! L'air est si doux, le plus léger vêtement suffit, le moindre toit vous abrite assez. On vit de rien. Les hommes du peuple se nourrissent d'une poignée de *macaroni*, d'une tranche de *pastèque*, d'un peu de poisson; ils boivent à longs traits... de l'eau à la glace. Paresseux, si vous voulez; en compensation, ils sont sobres. Ils aiment le mouvement, le plaisir, l'agitation, la joie bruyante, les chansons et les cris, les danses, les farces des bateleurs, la musique gaie, les récits en vers et en prose des chanteurs et conteurs en plein air.

Autrefois, le carnaval, le temps de Pâques étaient des jours de folie extravagante, quoique toujours sobre, de parades et de mascarades. Mais il n'y a pas besoin de carnaval pour ce peuple insouciant, ni de jours désignés pour s'amuser : c'est tous les jours fête, pourvu qu'il fasse soleil. Alors on danse, on chante, on joue du flageolet, du tambourin et des castagnettes, non pas parce que c'est le jour, mais parce qu'on a le temps et l'envie de danser. Les contorsions des bateleurs devant la baraque de toile amassent tous les soirs la foule chamarrée de couleurs voyantes et quelque peu déguenillée tout de même ; et ce ne sont pas seulement les enfants qui éclatent de rire aux grosses plaisanteries, aux bonnes farces toujours les mêmes du bouffon national, l'inévitable *Pulcinella* : en français *polichinelle*, car notre Polichinelle est italien de naissance. Naturellement artistes, même sans éducation, les Napolitains ont beaucoup de goût pour la peinture, la sculpture et tous les métiers qui tiennent en quelque chose de l'art. Le plus grand malheur de ce peuple, qui a tant d'heureuses qualités, c'est l'ignorance, à laquelle, naturellement, font cortège le fanatisme et les superstitions.

Parmi celles-ci l'une des plus inoffensives certainement et des plus curieuses, superstition *nationale* et dont les gens du monde eux-mêmes ne sont pas garantis, c'est la croyance au *mauvais œil* : l'idée que certaines personnes, même sans aucune intention malveillante, par leur seul regard portent malheur aux passants, et font arriver des accidents, des désastres et des maladies ! Tant pis pour quiconque a dans la figure quelque trait un peu singulier, un grand nez crochu par exemple, ou qui porte des lunettes bleues. Qu'il quitte le pays, c'est le plus court. Tout le monde lui tourne le dos. S'il entre dans une boutique, les acheteurs prennent la fuite, le marchand se fâche et l'injurie. S'il passe dans une foule, tous les gens s'écartent, en dirigeant contre lui certain geste bizarre de la main.... — Car, heureusement ! il y a un remède contre l'effroyable danger du mauvais œil ; et ce remède consiste à avoir sur soi, ou autour de soi, dans sa maison, des *cornes*, naturelles ou artificielles ; un bijou d'or ou de corail ayant la forme d'une corne est aussi très efficace. Mais le plus simple est de faire *les cornes* avec l'index et le petit doigt levés, les autres doigts repliés. L'homme au sinistre regard passe,... vite les doigts en l'air, et vous êtes sauvés. — Allons, allons, ne riez pas trop, mes amis, soyez indulgents ; que voulez-vous, c'est leur *vendredi*, leur *treize à table*, à ces gens-là !...

VENISE

« *Venise la belle !* » — Venise la riche, la puissante, la *dominante des mers* ! — Ainsi disait-on autrefois. Aujourd'hui Venise n'est plus puissante ni dominante ; elle n'est même plus riche : on l'a volée, on l'a ruinée.... Mais elle est toujours belle, infiniment intéressante et curieuse à visiter, déclarent tous les voyageurs, charmante à habiter aussi, ajoutent les Vénitiens, qui ne peuvent pas vivre ailleurs. — Venise est une ville unique au monde; bâtie sur un groupe d'îles basses au milieu d'une vaste lagune, elle a l'air d'être « assise dans l'eau ». Ses grandes rues sont des canaux, bordés de quais, traversés par des ponts; ses ruelles, d'autres canaux étroits entre de grands murs hauts, dans l'ombre des palais et des maisons, où les rayons du soleil tombent par échappées, où le flot baigne le pied des édifices et le seuil des portes. Maisons et palais sont serrés, entassés. Des rues étroites, des passages, des cours irrégulières; peu de jardins: l'espace manque; mais les cours, les ruelles et les canaux ont des guirlandes de vigne et de plantes grimpantes qui montent jusqu'aux étages des toits ou pendent jusqu'à l'eau dormante. Toutes les fenêtres, dans les quartiers populaires, sont encadrées de fleurs. Autour, tout autour, la lagune bleue, avec des îlots remplis de maisons blanches et d'églises à coupoles; plus loin, la grande mer, l'Adriatique, à perte de vue, le rivage grisâtre vers la côte, au-dessus le ciel d'azur: tel est le site; à l'intérieur de la ville, les palais de marbre, les églises, les hautes maisons à balcons, les places où le soleil éclate, le miroitement des canaux et le va-et-vient des gondoles. Venise est la ville des arts, du luxe, des plaisirs; les curieuses architectures, les sculptures, les ors, les vives couleurs qui réjouissent l'œil, les tableaux, les mosaïques, la musique légère, les chants, les sérénades dans les rues, les fêtes publiques et privées, les brillantes sociétés, les dames gracieuses et parées, la vie élégante et mondaine, y sont un enchantement perpétuel, malgré la décadence politique. — Et les habitants sont de même: doux, réfléchis, fins et railleurs, spirituels et gais, aimant le plaisir et les arts, avenants, affectueux, discrets et même mystérieux, susceptibles de jalousies et de rivalités violentes. La langue est le *vénitien*, un dialecte italien d'une douceur zézayante et presque enfantine.

Dans cette ville des eaux où les gondoles remplacent les voitures, les gondoliers, avec les marins et les pêcheurs, forment une classe nombreuse, remuante. Aujourd'hui presque seuls ils ont conservé l'ancien costume national du peuple, chassé peu à peu par nos modes uniformes: pantalon léger, large, des *mules* pour chaussures; chemise bouffante et entr'ouverte au col, ceinture d'étoffe rouge ou noire, négligemment nouée, bonnet rouge ou noir, souvent remplacé par un chapeau pointu à larges bords, orné de fleurs les jours de fête. — Comme il convient à une ville maritime, la grande fête nationale est la *régate*, une joute de bateaux. Les gondoles, menées chacune par deux rameurs, partant à un signal donné, s'élancent à travers le *Grand Canal*, dont les quais, les ponts, les maisons riveraines, sur les balcons et les toits, sont chargés d'une foule enthousiaste; les plus vigoureux et les plus habiles rameurs arrivés les premiers au but reçoivent des prix et des *bannières* en grande pompe officielle. Le soir, des milliers de gondoles, de barques de toutes sortes, pavoisées, parées, illuminées de lanternes et de verres de couleur, portant des orchestres ou des chanteurs, se croisent en tous sens sur les eaux étincelantes, dans une confusion mouvante; les fenêtres, les bal-

Un petit canal à Venise.

cons, éblouissent de lumières qui se balancent en girandoles; des flammes de Bengale embrasent les façades des palais; les fanfares, les chœurs éclatent de toutes parts; et la féerique *fête vénitienne* dont nos faibles imitations ne peuvent donner une idée se prolonge très avant dans la nuit tiède.

LE CARNAVAL A ROME

« Rome *la triste*, faite de ruines, trois fois trop grande pour ce qu'elle a d'habitants..... » — Mais ses ruines sont belles, et sa tristesse est pleine de grandeur. Maintenant qu'elle est redevenue capitale d'une grande nation, elle va quitter son deuil, sans doute, se peupler et s'animer davantage.

Il y a à Rome, comme dans toutes les grandes villes d'Italie, une société brillante de gens du monde instruits, d'artistes, d'étrangers de distinction; mais le peuple y est d'une ignorance extrême. C'est pourtant une noble race : taille moyenne, corps vigoureux, large front, chevelure noire, œil noir et vif, physionomie intelligente et bienveillante; les femmes sont vraiment belles de traits, majestueuses de démarche, depuis la princesse jusqu'à la dernière des *Transtéverines*[1] que les peintres prennent pour modèles. Elles parlent le parler romain, avec un joli accent qui est le plus bel accent de toute l'Italie. — Le costume romain populaire n'a rien de particulier : c'est le costume italien, trop étriqué et terne pour les hommes, mais extrêmement joli et de couleurs vives pour les femmes.

Les habitants ont, chaque année, une semaine de gaîté folle : la semaine du *Carnaval*. Ces jours-là, la ville endormie se réveille, et il y a tant de gens dans les rues, qu'on la dirait très peuplée : gens masqués ou non, déguisés ou non, mais tous riant, criant, plaisantant, dansant, chantant des chansons burlesques. Des chars, ornés de guirlandes, remplis de masques joyeux, de musiciens déguisés, des cavalcades, des fanfares, circulent on ne sait comment à travers cette foule mouvante et tourbillonnante, tandis que des fenêtres, des toits, des balcons, des chars, pleut une grêle de petites dragées blanches de plâtre qu'on se jette et se renvoie à pleines poignées les uns aux autres, et qui, en un clin d'œil, poudrent tous les costumes à blanc : c'est la grande plaisanterie. Le soir, autrefois, un autre jeu s'ajoutait, encore plus fou et plus délirant, qui consistait à porter à la main de petites bougies allumées, chacun cherchant à souffler la bougie de son voisin et à préserver la sienne; le tout au milieu des facéties les plus drôles et des gestes les plus bouffons. Soudain un coup de canon se fait entendre et tout s'éteint, se calme, se tait, se dissipe comme par enchantement; en un instant la foule se disperse, et la rue est rendue à la solitude nocturne et au silence.

1. Femmes du quartier populeux de la rive droite du Tibre (*Transtevere*).

LE CARNAVAL A ROME.

LES GRECS

Dans l'antiquité, les Grecs étaient le peuple le plus civilisé de l'Europe. Très intelligents, grands raisonneurs, beaux parleurs, artistes en toute chose, ils enseignèrent les sciences et les arts aux Romains et à tous les peuples d'Occident. Très braves aussi; patriotes, ils aimaient par-dessus tout la gloire et la liberté. Leur histoire est une des plus belles et des plus glorieuses histoires du monde. Mais ils étaient désunis, et cela les perdit. Profitant de leurs discordes, les Romains envahirent et soumirent le pays: ce fut la ruine et la décadence de la Grèce. Ravagée plus tard par les *Barbares*, elle fut enfin conquise et asservie par les Turcs. C'est seulement à notre époque, après tant de siècles de désastres, que les habitants, avec le secours des nations européennes et surtout des Français, après une guerre héroïque qui dura dix ans, chassèrent les Turcs et reprirent leur indépendance.

Malgré le temps, les malheurs, le mélange avec d'autres populations, les *Grecs modernes* ressemblent en plus d'une chose aux anciens. Leur langue, d'abord, diffère peu de la langue des vieux *Hellènes*, dans laquelle ont été écrits tant de chefs-d'œuvre. Les Grecs aiment à se rappeler l'histoire et la gloire de leurs ancêtres ; ils en sont fiers, et ils ont montré qu'ils leur ressemblaient aussi par la vaillance, quand il s'est agi de délivrer leur patrie. Ils ont l'intelligence ouverte, l'esprit vif et curieux de connaître; ils goûtent les sciences, les arts, l'instruction; les petits enfants même, dans les écoles, sont étonnamment studieux. Les modernes Hellènes forment une population active; ils sont commerçants, hommes d'affaires, navigateurs et pêcheurs sur les côtes, bergers dans l'intérieur. L'agriculture est en retard chez eux ; cela tient à ce que leur pays, autrefois si fertile, longtemps ravagé, dévasté par ses envahisseurs, privé d'arbres et d'eaux, est devenu aride sous le soleil brûlant ; et aussi à ce que les paysans manquent pour la plupart d'instruction. Quoique mêlés de diverses races, ce sont en général de beaux hommes, à l'air noble, aux traits agréables, à l'œil vif, bruns de peau et de chevelure, avec la barbe fine et noire. Le costume des hommes rappelle plutôt celui des Turcs et autres peuples orientaux que celui de leurs illustres ancêtres : le trait le plus original est le petit jupon court par-dessus le pantalon; puis un gilet fermé, et, par-dessus, un veston très court brodé aux bords et aux manches, qui sont longues et fendues. Ils portent des bottes ou des guêtres, ou le pantalon descendant jusqu'aux pieds. La coiffure ordinaire est le *fez*, le petit bonnet à gland des Turcs que nous appelons *bonnet grec*, souvent de couleur rouge. Les *pallikares* (soldats) à cette riche tenue ajoutent les armes, le

Costumes grecs.

grand sabre recourbé, le long poignard et les pistolets passés dans la ceinture. — Les femmes, avec leur longue robe, leur manteau flottant, à manches, avec l'espèce de voile enveloppant la tête et le cou, rappellent davantage le costume des Grecques anciennes ; mais le vêtement varie beaucoup selon les lieux.

MŒURS OTTOMANES

Fier, avec un grand maintien de dignité, dédaigneux de l'étranger, méprisant du fond de l'âme le travail et ceux qui travaillent, emporté, souvent, dans ses passions, et cependant capable de générosité, fidèle à ses engagements et en même temps rusé et fourbe envers l'étranger, honnête en affaires, et pillard sans vergogne dès qu'il s'agit de populations soumises, le Turc est religieux à l'extrême, dévot à sa façon, superstitieux et fanatique au delà de toute expression. Haïssant à mort tout ce qui n'est pas Turc et musulman, très brave à la guerre, en temps de paix il se corrompt et s'alanguit par la mollesse, le luxe et l'oisiveté, ne faisant rien, s'il n'y est forcé, de son intelligence non plus que de ses mains. L'Osmanli riche passe sa vie entre le rêve et la veille, nonchalamment assis ou demi-couché sur son *divan*, buvant le café à petits coups, fumant le tabac dans le *narguilé*, fumant l'*opium* aussi parfois, ou s'enivrant avec le *hachich*[1], — s'enivrant de vin aussi, mais alors en grand secret, car le vin lui est défendu par sa religion. Il passe son temps en causeries vagues et en *salamalecs* (politesses). Le vêtement des Turcs *réformés*, qui sont en train de se rapprocher des mœurs européennes, est imité de nos vêtements occidentaux : les pantalons, les bottes, la tunique droite, boutonnée, et le *fez*, le petit bonnet turc ; il n'a rien de remarquable. Le costume national, conservé avec soin par les Orientaux fidèles aux anciennes traditions, est beaucoup plus beau, plus noble, plus large : pantalons flottants attachés aux genoux, sortes de bas bien tirés, légères bottines que l'on fait entrer, quand on quitte la maison, dans de larges *babouches* ; ample *dolman*, garni de fourrures l'hiver, châle ou ceinture de soie autour des reins, turban roulé autour de la tête rasée selon les rites. La maison turque peut être plus ou moins riche et ornée, mais toujours très simple d'ameublement ; les *sofas* sont à peu près les seuls meubles ; ils servent de lits, en même temps que de sièges ; ajoutez des tapis et des coussins. Les cloisons, les plafonds sont décorés de fleurs à profusion, d'enroulements, d'arabesques, mais point de statues ni de personnages parmi les peintures ; les mahométans ont en horreur la représentation de la forme humaine. L'architecture turque est élégante et riche, mais elle a un aspect de légèreté et de fragilité, comme ces constructions provisoires élevées pour une fête et destinées à disparaître le lendemain.

1. Drogue qui endort et fait rêver comme l'*opium*.

En Turquie, chez les gens riches ou simplement aisés, le *harem*, l'appartement des femmes, est absolument séparé de celui des hommes, et les repas aussi se prennent séparément; l'Orient musulman n'a pas l'idée ni le sentiment de ce que nous appelons la vie de famille. — La maison, pour nous, c'est la table et le foyer, signes et instruments d'intimité; ces deux choses ne sont rien chez eux. La table, très petite et très basse, est apportée au moment du repas; les convives vont s'asseoir alentour, presque par terre, sur des coussins. Point d'assiettes : chacun prend au plat, et avec les doigts encore, car il n'y a point non plus de cuillers ni de fourchettes: le couteau seul est en usage. Les plats se succèdent avec rapidité, nombreux et compliqués; à peine a-t-on le temps de goûter à chacun; les mets sont toujours découpés d'avance en menus morceaux. L'eau est la seule boisson; une coupe unique sert à tous les convives, on se la passe de main en main. Le repas finit par les sorbets et les fruits, les confitures. Puis on se lave le visage, la barbe, les mains; on se parfume; on passe dans une autre pièce pour prendre le café et fumer le tabac dans les *chibouks*, longues pipes turques à tuyaux flexibles, en contemplant silencieusement la fumée qui monte vers le plafond en minces spirales bleuâtres. — C'est le *kief*, qui consiste à ne rien faire, à ne rien dire et à ne rien penser, le vrai plaisir de tout Oriental.

Assise à la porte de l'Europe et de l'Asie, Constantinople, comme nous disons, *Stamboul*, comme prononcent les Turcs, est et ne pouvait pas manquer d'être la Babel des nations, la confusion des races et des langues, des religions et des costumes, une sorte de grand bazar européen-asiatique. Les mahométans y sont les maîtres; mais ils sont en minorité. Très belle, vue du dehors, par son site admirable, la ville est sale au dedans, surtout dans les quartiers turcs; les maisons sont presque toutes construites en bois, et les incendies y sont tellement fréquents et tellement dévastateurs qu'en moins d'un siècle la ville est quasi renouvelée tout entière.

La résidence du *Padichah* ou Sultan, le *Sérail* (Seraï), dont la *Porte*, la *Sublime-Porte*, a donné son nom officiel à tout l'État ottoman, est une somptueuse et splendide demeure; mais ce n'est aucunement ce que nous entendons, nous autres, par un *palais*, c'est-à-dire un édifice de grande dimension construit avec unité. C'est bien plutôt, comme le mot le dit — *seraï* signifie jardin, — un grand jardin entouré de remparts, orné d'ombrages et de fontaines, de belles pièces d'eau, un parc luxueux à travers lequel sont dispersés, sans ordre aucun, de nombreux *pavillons* séparés, pavillons de réception et d'apparat, appartements privés, *harems* ou appartements des femmes, plus à l'écart; en d'autres parties, les demeures des nombreux fonctionnaires, des employés, enfin celles des serviteurs et des esclaves. Quelques-uns de ces pavillons sont d'une architecture orientale charmante,

PAVILLON AU SÉRAIL.

décorés avec une magnificence inouïe, et ont pour plus bel ornement la vue splendide que l'on découvre sur le Bosphore et la rive asiatique. — La population du sérail est extrêmement nombreuse : plus de six mille habitants de toute sorte et de tout rang, de toutes fonctions, depuis le sultan lui-même jusqu'au dernier *bastandji* (jardinier) ; et sur ce nombre — ce qui donnera une idée de la vie de recherche et de mollesse que l'on y mène — il n'y a pas moins de huit cents cuisiniers ! Le luxe des appartements, celui des vêtements et des parures des femmes, sont quelque chose de prodigieux.

ESPAGNOLS ET PORTUGAIS

Nos voisins les Espagnols sont fiers. — Ils ont bien quelque raison de l'être. Leur patrie est belle ; la terre d'Espagne, sous un ciel magnifique, avec des vallées d'une fécondité merveilleuse, était un jardin au temps des Maures, et le redeviendrait si elle était bien cultivée. La vigne y produit des « vins d'or », les orangers et les citronniers s'y couvrent de fleurs et de fruits. Les Espagnols eux-mêmes, de taille moyenne ou plutôt petite, sont remarquablement vigoureux, agiles, résistants, capables de supporter les fatigues et les privations. Leur teint est bruni au soleil, leurs membres souples et nerveux. Ils sont simples de mœurs, extrêmement sobres. Braves, audacieux, persévérants, ils aiment leur patrie et savent la défendre. Avec un air de dignité qu'ils gardent surtout devant les étrangers, ils sont bienveillants, gais, facilement heureux, pleins d'imagination, de ressources et de bonne humeur, ils aiment à rire, à chanter, à causer. Avouons, avec cela, quelques défauts : nonchalants, même paresseux, le climat y est sans doute pour quelque chose, ils aiment mieux vivre de rien et ne rien faire ; nulle part les mendiants et les vagabonds ne sont si nombreux qu'en Espagne. La belle terre reste stérile faute de labour ; la brave nation est pauvre faute d'industrie. Le peuple est plongé dans une ignorance extrême ; il est crédule à l'excès, superstitieux et fanatique, ce qui est un effet de l'ignorance. Puis encore certains traits de mœurs violentes, restes de l'ancienne barbarie, et qui disparaîtront avec les progrès de la civilisation : les habitudes querelleuses des gens du peuple et l'emportement cruel de tous, hommes et femmes, pour ces odieuses boucheries qu'ils appellent *courses de taureaux*.

Les costumes espagnols, élégants en général et nobles, varient selon les provinces et aussi selon les professions. Au fond, le vêtement national se compose, pour les hommes, de pantalons étroits et courts, serrant aux

JARDINS DU SÉRAIL, A CONSTANTINOPLE.

genoux, avec des bas ou des guêtres, d'un gilet court, d'une veste extrêmement courte, d'une large ceinture de laine ou de soie, de couleur vive, dans laquelle ils passent parfois un long couteau, enfin d'une sorte de châle ou de manteau, à grandes franges, fièrement jeté sur les épaules et drapé autour du corps. La coiffure est le *sombrero* ou chapeau à larges bords, ou bien encore une toque de poil, ou un mouchoir noué sur les cheveux courts. Les femmes portent de longues jupes, des robes élégamment drapées et relevées, avec des manches larges et courtes, un petit châle croisé sur les épaules, et la gracieuse *mantille* nationale, en dentelle noire, qui retombe plus ou moins bas sur les épaules et le dos, se noue sur la poitrine, et, à volonté, se relève sur la tête, couvrant les cheveux, le front, le cou, tenant lieu de coiffure.

La langue espagnole est fort belle, noble et sonore; les dames la parlent avec beaucoup de douceur. Les hommes sont fort galants, les femmes très vives, tous et toutes passionnés pour les fêtes, les amusements publics ou privés, les spectacles, les processions et les pompes du culte, la musique joyeuse, les chansons railleuses ou tendres, les danses variées et animées du pays. Toutefois, chose curieuse, ils semblent prendre plus de plaisir à voir danser qu'à danser eux-mêmes; en sorte que ce divertissement est plutôt chez eux un spectacle qu'un exercice. — Leur musique est vive, expressive, simple, un peu légère; leurs chants ont un caractère très original. L'instrument national est la guitare, tout le monde en joue plus ou moins.... En plus d'une ville, par les beaux soirs d'été, la mode est encore aux jeunes gens de parcourir les rues par groupes, en chantant et s'accompagnant de leur *mandolines*, s'arrêtant sur les places et aux portes des maisons de quelques jeunes femmes, auxquelles s'adresse plus particulièrement cette galanterie; les passants font le cercle, et les dames se mettent aux balcons pour écouter la *sérénade*, laquelle, parfois, prend un tour burlesque et fort gai.

De même race, au fond, que les Espagnols, les Portugais en diffèrent pourtant par plus d'un trait. S'ils sont plus petits de taille et moins beaux hommes, en général, moins fiers, ils sont plus doux et plus affables, moins fanatiques; simples, point hâbleurs, causeurs aimables, très polis, ils montrent beaucoup de sympathie pour les Français — ce qui est le signe caractéristique d'une nation polie. — Le Portugais est par-dessus tout un homme *bien élevé*; les paysans mêmes, ignorants et illettrés, ne sont point grossiers; ils parlent très purement leur langue. Le caractère général de la population est brave, ouvert, gai; comme tous les Méridionaux, ils aiment les chansons, la danse, la musique, le spectacle, les fêtes religieuses, les processions brillantes, et ne cherchent pas, comme les Espagnols, les impressions violentes et les effets lugubres; les *courses de taureaux* mêmes, chez eux, n'ont rien de sanglant. Ajoutons encore la sobriété, qualité qu'ils possè-

SÉRÉNADE BURLESQUE.

Kakow imp.

dent en commun avec leurs voisins et congénères. — L'agriculture est assez arriérée dans ce beau pays, plus tempéré et mieux arrosé que l'Espagne ; l'instruction y est encore peu répandue, mais un gouvernement libéral s'efforce de remédier à cet état de choses. — Les costumes portugais sont moins élégants et ont moins de caractère que les costumes espagnols ; les femmes portugaises, moins brillantes que les Espagnoles, ont de jolis yeux, de beaux cheveux, une physionomie avenante et des manières gracieuses.

NOS VOISINS D'OUTRE-MANCHE

Pour faire contraste avec les vives et mobiles populations du Midi que nous venons de visiter, faisons maintenant connaissance avec les gens du Nord. L'opposition n'en ressortira que mieux si nous commençons notre tournée par les Iles Britanniques.

L'Anglais n'aime que son Angleterre.... — Et pourtant il n'y peut pas rester : expliquez-moi cela ! — Je ne parle pas, bien entendu, du paysan attaché à sa terre, de l'ouvrier enchaîné à son usine, du petit commerçant cloué à son comptoir ; mais quiconque a sa liberté, — le noble lord, le gros fabricant, l'opulent banquier, le jeune héritier, — qui le peut, s'évade, s'envole, fuit son *home* (domicile) chéri, court le monde. Le vrai métier de l'Anglais est celui de voyageur. On trouve partout le riche insulaire : à Paris, surtout, semant l'or ; en Suisse, en Italie ; sur les neiges des Alpes, sur les plages de Naples, en yacht sur la mer, en traîneau dans les pays glacés, sur un chameau dans le désert, sur un éléphant dans l'Inde, en palanquin au Japon, et même quelquefois chez lui, en Angleterre. Très forts, très exercés, âpres et nerveux, résistants, ayant besoin de mouvement et de lutte, ces gens-là ne peuvent tenir en place. Les hommes du peuple émigrent, vont remplir l'Amérique ou l'Australie ; ou bien ils se font marins : autre manière de quitter le pays. Le jeune richard par goût des aventures, le commerçant par amour du gain, les fonctionnaires, les militaires vont aux colonies. Toute la surface de la terre, habitable ou non, est semée d'Anglais ; le *yes* résonne sous toutes les longitudes et toutes les latitudes ; et ces enthousiastes patriotes qui vont déprisant toute autre nation que l'*heureuse Angleterre*, tout autre pays que leur île brumeuse, envoient de loin à la patrie les *hourrah!* et les *for ever!* (vivats), mais restent là où ils se trouvent bien. — « Dans tous les pays du monde, me disait un médecin, on se tue par désespoir ; l'Angleterre est le seul pays où l'on se pende par ennui. » L'ennui est la maladie nationale. Le climat y est pour quelque chose, les mœurs pour le reste. L'Anglais « s'amuse moult tristement », disait notre historien Froissart au XVe siècle : et c'est encore vrai aujourd'hui. Mais le malade aime sa maladie; l'ennui, chez lui, est chose sacrée : on lui a dédié tout spécialement un jour par semaine, et ce jour-là est le dimanche....

Notre voisin n'est pas artiste; la race n'a donné ni grands peintres, ni grands musiciens. Et cela se sent aussi dans les petites choses courantes de l'existence, dans le vêtement, dans l'ameublement, dans les bijoux, dans les formes des objets familiers, où il y a de la lourdeur, un manque de délicatesse et d'élégance. La nation a eu de grands poètes, et le goût de la poésie est très vif chez les intelligences cultivées. Mais il semble entendu, dans ce pays, que la poésie doit rester dans le domaine de l'imagination; je ne vois point qu'on cherche à en mettre dans la vie. C'est au contraire une race d'hommes d'affaires, et ils ont les qualités de l'homme d'affaires : actifs, sérieux, entreprenants, fidèles aux engagements, précis et corrects; mais ils ont dans l'abord, surtout avec les étrangers ou simplement les gens peu connus d'eux, certaine froideur qui n'attire guère. Et même dans l'intérieur, dans la famille, il en reste quelque chose : l'Anglais ressemble à sa langue, *qui ne tutoie pas*... (si ce n'est Dieu... et le diable!). Le trait profond de son caractère, c'est l'orgueil, qui lui fait également ses qualités et ses défauts. Cet orgueil, sans doute, est différemment compris et senti par les différentes natures d'hommes : chez les âmes bien douées, et certes il y en a en Angleterre, c'est un noble et vif sentiment de dignité personnelle, source de toutes sortes de vertus; chez les êtres vulgaires, il tourne à une morgue insupportable.

Au physique, l'Anglais — le véritable Anglais, laissant de côté l'Écossais et le Gallois, qui sont d'autre race — est grand, fort, musculeux, bien bâti, blond ou roux, avec des yeux gris ou bleus, souvent rouge de teint, rarement élégant, malgré certaine recherche. Les jeunes femmes anglaises sont assez ordinairement fort jolies, avec un teint clair, « fait de lis et de roses »; mais les traits sont souvent un peu masculins, et la démarche manque de je ne sais quelle grâce qu'ont nos Françaises. Ce qu'il y a de plus beau en Angleterre, ce sont les enfants, des bébés blonds à chevelures bouclées, adorables.

L'Anglais est mangeur et buveur; mangeur de fortes viandes, buveur de vin, de bière et d'alcool. Chez lui, fête veut dire festin : la grande solennité religieuse à la fois et nationale de *Christmas* — c'est-à-dire de Noël — est la fête du ventre : l'oie grasse, en famille, et les lourds *puddings*, le tout bien arrosé.... Ce jour-là, en l'honneur du Messie, singulière manière de l'honorer, toute l'Angleterre est grise.... Un autre trait de nos insulaires, c'est le goût des rudes exercices physiques, courses, chasses, canotage, jeux de force et d'adresse, ce qui a son bon côté; mais aussi, en regard, chez le peuple, certains instincts de luttes sauvages, mal contenus, la passion de la *boxe* — traduisez bataille à coups de poing, — des sanglants combats

Anglais touriste dans les Alpes.

de coqs; joignez-y la fureur des jeux de hasard, des paris, surtout des courses de chevaux : autant d'efforts violents pour sortir de l'ennui journalier. La grande fête populaire qui remue toute l'Angleterre, c'est la fameuse journée de courses qu'on appelle le *Derby*.

LES IRLANDAIS

« Pauvre vieille mère Irlande », répètent tristement les Irlandais en parlant de leur patrie. C'était pourtant une belle terre que cette grande île, *la verte Erin*, selon son antique surnom, fertile, avec un climat doux, de beaux herbages, de beaux lacs, de larges rivières, une population brave et nombreuse. Mais l'Angleterre, la dévorante Angleterre a *mangé* l'Irlande, comme elle a mangé l'Écosse et toutes les populations, civilisées ou sauvages, sur lesquelles elle a pu mettre la main. Les Anglais, ayant conquis l'île verte, l'ont traitée comme jadis les Normands les traitèrent eux-mêmes : ils ont ôté la terre aux terriens, l'ont donnée à leurs lords; en sorte que la population rustique est encore à peu près, pour la plus grande partie, à l'état de demi-servage. Tous les peuples ont été serfs.... Mais du moins, ailleurs, les seigneurs de chaque pays, résidant sur les lieux, dans leurs châteaux, y faisaient leurs dépenses : de la sorte, une bonne partie de ce qu'ils prenaient à la population finissait par lui retourner d'une autre manière. Dans la malheureuse Irlande, les seigneurs, les lords sont *absents* : ce sont des Anglais; ils vivent en Angleterre, partout; ils prennent par les fermages, qui sont énormes, le plus clair de la richesse du pays, le dépensent ailleurs, en sorte que le produit du sol et du travail s'en va toujours, ne revient jamais. C'est ainsi que la fertile Irlande est devenue le pays de la misère, le pays des disettes et des grandes famines, qui emportaient parfois un quart ou un tiers des habitants.... Les Irlandais sont très mêlés d'Anglais et d'Écossais; mais le fond de la population est de race celtique, — ou gauloise, si vous voulez, ainsi que les Gallois, les Écossais, les Bretons du continent. Leur langue nationale, l'*erse*, qui se parle surtout sur la partie occidentale de l'île, est une langue celtique aussi, qui ressemble beaucoup à celles de l'Écosse, du pays de Galles et de la Bretagne française. Ils aiment la France, à laquelle leur origine les rattache. Le costume irlandais n'a rien d'original; les gens du peuple, même pauvres, ont le goût singulier de s'affubler à la mode d'autrefois, d'habits noirs à queue, avec culottes courtes et chapeaux à haute forme, le tout souvent râpé, déformé, misérable, en sorte qu'ils ont l'air d'être vêtus de défroques — ce qui est parfois vrai. Ces hommes seraient pourtant de beaux hommes, et les femmes de jolies et avenantes créatures, si la pauvreté et la mauvaise nourriture ne les flétrissaient point. Mais la population rustique n'est guère nourrie que de pain noir et de pommes de terre; les chaumières sont misérables et malpropres. Les Irlandais sont de caractère doux, simples, naturellement gais, naïfs, comme étaient autrefois les Gaulois.

Depuis quelques années, il faut le dire, la situation s'améliore; l'industrie pénètre dans les villes, et avec elle une certaine aisance : en même temps aussi la langue et les coutumes anglaises. Cependant, beaucoup d'Irlandais émigrent chaque année; les uns en Angleterre, dans les villes, dans les fermes, pour revenir plus tard à leur village avec un petit avoir laborieusement gagné; les autres en Amérique, et ceux-ci ne reviennent jamais. S'ils perdent la patrie, ils trouvent, en retour, le pain — et la liberté....

TRADITIONS ET POÉSIES GALLOISES

Une autre Bretagne de l'autre côté de la Manche : tel est le pays de *Galles* — c'est-à-dire le pays des *Gaëls*, en d'autres termes des Gaulois. — Gaulois en effet, de race, de mœurs et de langage, comme les Bretons, les Écossais et les Irlandais, les Gallois ne sont nullement Anglais. Leur parler ressemble tellement au *breizad* (breton), comme le prouve déjà la consonance des noms géographiques, que d'un côté à l'autre de la mer les frères d'origine peuvent se comprendre. Et il y a même à ce sujet une très belle et très poétique histoire, qui ressemble à une légende : quand, à la bataille de Saint-Cast, les Gallois qui avaient accompagné l'armée anglaise et les Bretons du parti de la France se reconnurent à leurs chants de guerre, ils se tendirent la main et refusèrent de combattre. Au physique, ces populations diffèrent beaucoup des Anglais, et ressemblent absolument aux Bretons : taille moyenne, plutôt petite que grande, teint brun, cheveux bruns, qu'ils portent assez longs, yeux noirs ou d'un brun teinté d'un vert de mer. Même caractère rêveur; fidèles aux anciennes habitudes, aux anciens souvenirs, ils ont au cœur l'esprit de famille et le culte des morts aimés. Quant au costume, il est beaucoup moins original et moins élégant sur la terre britannique que de notre côté du détroit : les hommes portent à peu près nos vêtements français, et le costume national des femmes, qui commence à disparaître, il est vrai, est très laid, il faut l'avouer : un lourd manteau cachant la robe et le tablier, et sur la tête, par-dessus un petit bonnet de lingerie et de dentelles, un grand affreux chapeau d'homme, noir, en façon de tuyau de poêle....

Elles font bien d'y renoncer, malgré l'ancienneté de la tradition : en fait de costume, la beauté est la première loi....

Comme la nôtre aussi, la Bretagne insulaire est un pays de poésie et de légendes, tout semé de *menhirs* et de *dolmens*, encore rempli de souvenirs druidiques. Elles ont toutes deux les mêmes héros, le roi Arthur, fondateur de la Table Ronde, l'enchanteur Merlin et sa belle fée Viviane, le barde Taliésin et le chevalier Tristan, qui aima la magicienne Iseult. Elles ont les

Costumes des femmes galloises.

mêmes contes du foyer, répétés aux veillées : les fées blanches qui errent autour des étangs, les follets, les esprits nains familiers qui habitent les maisons. L'une et l'autre ont gardé les traditions des vieux *bardes* qui succédèrent aux druides, traditions perpétuées pendant tout le moyen âge, et dont il nous reste encore quelques fragments de poésie : ces bardes desquels les poètes gallois d'aujourd'hui se disent les derniers représentants.

Conquis par les Anglais, forcés d'en parler la langue, les Gallois ont conservé un fier souvenir de leur indépendance et sont très attachés à leur parler et à leurs vieux usages. Ils sont fort amateurs de musique et de poésie. De leurs libres réunions souveraines d'autrefois il ne leur reste que des concours de musique et de poésie nationale, qui se célèbrent en grande solennité chaque année à certaine date, et que l'on nomme en gallois *eisted-fods*. L'instrument national est la *harpe* à triple rang de cordes, qu'on appelle *teleyn*. Dans les *eistedfods*, les harpistes, les bardes modernes, les poètes prennent part à des *combats de chants* semblables à ceux des anciens

Harpiste gallois jouant de la *teleyn*.

trouvères, et les prix, réservés aux meilleurs musiciens, aux rimeurs les plus habiles, sont proclamés sous la belle devise, perpétuée des anciens bardes bretons : « *La vérité contre le monde !* » — Au milieu des campagnes et des petites villes galloises se sont fondées de grandes villes manufacturières absolument anglaises, par le moyen desquelles la langue et les coutumes saxonnes pénètrent de plus en plus dans le pays, effaçant peu à peu les traditions gaéliques.

LES HIGHLANDERS

Des Celtes ou, si vous voulez, des Gaulois qui, presque séparés du reste du monde par leur patrie lointaine dans une île, seraient restés à peu près ce qu'étaient nos pères de la Gaule : tels il faut vous figurer les Écossais, les Écossais des montagnes, des *hautes terres*, des *Highlands* (pr. *Haïland*), comme disent les Anglais. — Non pas qu'ils soient demeurés barbares ; mais, tout en se civilisant, ils ont conservé beaucoup du caractère et des mœurs de leurs aïeux, frères des nôtres. Jusqu'en ces derniers siècles ils étaient associés, à la façon gauloise, en tribus appelées *clans*, comme autant de grandes familles ; — familles souvent rivales, malheureusement, et même ennemies : cela les perdit. Tous libres; point de serfs. Chaque homme du clan, même le plus pauvre, était sensé *cousin du chef*, du seigneur, et en portait le nom de famille : c'était un *Cameron*, ou un *Campbell*, un *Mac-Donald* : beaux noms, héroïques et historiques ! Chacun aussi avait sa part de la terre, et de vastes libertés sur la lande et dans la forêt.

Les Highlanders ont gardé leur vieille langue celtique, l'*erse* ou *gaélique*, sœur de notre *breton*. Ce sont de beaux hommes, d'aspect fier et sérieux, très braves; presque tous sont bergers dans les montagnes et cultivent quelques champs autour des hameaux. Leur vêtement, qui est, au fond, celui des anciens Gaulois, est brillant et pittoresque. Ils portent les *braies* gauloises, mais plus étroites et venant seulement aux genoux; les jambes sont nues, ce qui doit être rude, sous ce froid climat! Ils ont la *saie*, sous le nom de *plaid* : une sorte de blouse retenue à la taille par une ceinture; la *toque* écossaise est le *berret* gaulois, orné de plumes et de rubans. L'étoffe même, le *tartan*, de laine, à carreaux formés par l'entre-croisement de fils de différentes couleurs, est une tradition celtique : le vert, le bleu, le rouge y dominent, et chaque *clan* se distingue par des couleurs et des rayures spéciales. L'arme nationale est la *claymore*, longue épée qu'ils portent toujours au flanc; l'instrument national, le *pibroch* (pr. *païbroc*), la *cornemuse* pourvue d'un vaste sac de cuir que l'on presse sous le bras, semblable au *biniou* breton, mais de ton plus grave; leurs *sonneurs*, très habiles, ont de belles mélodies et d'antiques chansons, tendres ou guerrières, qui ont résonné pendant des siècles aux fêtes des clans et sur les champs de bataille.

L'Angleterre a mangé l'Écosse. Toutes les *basses terres*, toutes les villes sont

JOUEUR DE CORNEMUSE ÉCOSSAIS.

envahies par les Anglais; le mélange s'est fait avec les siècles, et la langue du pays même s'y est perdue. Des *lords* aux monstrueuses fortunes, seigneurs du pays, ont dépeuplé les *Highlands*. Par une férocité d'égoïsme dont l'histoire n'a pas d'autre exemple, dans le simple dessein d'agrandir leurs chasses, ils ont rendu la terre sauvage, achetant à vil prix les villages pour les raser, transformant les champs et les pâtures en forêts. Forcés de quitter la glèbe natale, qui ne nourrit plus que des cerfs, les anciens habitants s'en vont au loin, en Amérique, en Australie, et bientôt il n'y aura plus d'Écossais en Écosse. « Ils disparaissent, dit notre grand historien Michelet, ils émigrent; la cornemuse ne fait plus retentir qu'un chant sur les montagnes :

Cha till, cha till, cha till...
Sin tuile !

Nous ne reviendrons, reviendrons, reviendrons...
Jamais !

UN PEUPLE HEUREUX

Plus vif que le Hollandais, auquel il ressemble pour le courage et la ténacité, le blond Danois est honnête, simple, droit et sensé, non sans fierté, aimant sa patrie, mais doux et bienveillant pour l'étranger. La nation est très avancée en civilisation, l'instruction est générale. L'architecture, les arts, les sciences sont en grand honneur; même les gens du peuple, même les paysans sont instruits et bien élevés, ont des goûts délicats : tous aiment les livres, la poésie, les récits, les vieilles légendes du pays et son héroïque histoire, les chants et la musique. Sérieux d'ordinaire et tranquilles, ils ne sont pas ennemis de la gaieté; les fêtes populaires et les solennités de famille, les noces sont joyeuses, animées et même assez bruyantes. Propres comme des Hollandais, mais plus simples dans l'ameublement et dans le costume, leurs habitations sont moins ornées; leur vêtement, qui n'est pas sans élégance, n'a rien de bien remarquable. Les maisons, entourées de jardins, à demi ensevelies sous la verdure, disent l'aisance et l'intimité. Ces gens ont la passion des fleurs; ils s'en entourent avec une profusion qui est une véritable joie des yeux. Leurs mœurs sont très pures et familiales; les parentés sont très unies, et même hors de la parenté nulle part la fraternité humaine n'est mieux sentie; c'est chose courante parmi eux que les plus riches aident ceux qui sont moins heureux, sans que les uns en soient enorgueillis ni les autres avilis.

SUÉDOIS ET NORVÉGIENS

Braves gens, ces *hommes du Nord*, comme leurs voisins les Danois, arrière-petits-fils aussi de ces terribles *Normands*, de ces brigands des mers qui portaient sur toutes les côtes l'incendie et le pillage. Les mœurs ont bien

Femmes scandinaves.

changé, là-bas, depuis ces temps-là! Les vrais *Scandinaves*, Suédois ou Norvégiens — laissant de côté les Lapons, qui tiennent d'une autre origine, — sont de race germanique; grands de taille, larges d'épaules, blonds, à barbe fine, blancs de teint avec un front large et pur, des yeux bleus; tempérament sérieux et pacifique, caractère égal et doux. En se civilisant, ces populations n'ont point pris les vices de la civilisation; dans ce pays où la nature est si rude, l'homme vit forcément à la maison, parmi les femmes et les enfants; il devient un homme d'intérieur, il garde les vertus que donne la vie de famille. Les Suédois surtout sont sociables ; prévenants, gais, affables, hospitaliers et bienveillants à l'égard des étrangers, polis, ayant le goût des arts et de la conversation, ils méritent par ces aimables qualités le titre de « Français du Nord » qu'ils agréent volontiers. Et en effet ils montrent aussi en toute chose une sympathie de préférence pour la France et les Français; tandis que les Norvégiens, eux, ont pris quelque chose des mœurs et du caractère des Anglais, avec lesquels ils sont continuellement en rela-

Intérieur norvégien.

tion. Les femmes suédoises, blondes et blanches, aux traits fins, ont un charme pénétrant, une grâce intime, un peu mélancolique : de vraies *fleurs du Nord*, comme disent leurs poëtes. Ces gens sont d'une honnêteté parfaite et rare, simples de mœurs, tolérants, travailleurs. Actif, économe, l'homme d'affaires scandinave n'a rien de la froideur anglaise. Les gens de la côte sont marins, comme leurs barbares ancêtres; pêcheurs, et les premiers du monde; commerçants aussi. Dans l'intérieur, on est agriculteur, éleveur, exploiteur de forêts ou de mines. L'instruction est fort répandue chez cette brave nation, — plus que chez nous même, — et la science fort en honneur. A côté de toutes ces excellentes qualités, avouons pourtant un défaut, mais dont ils tendent à se corriger, vice commun du reste à tous les peuples du Nord, qui cherchent à combattre le froid de toutes les manières : l'abus des liqueurs fortes. Les Suédois ont le sentiment des beautés naturelles de leur magnifique et terrible pays; ils ont le goût de la lumière vive, des fleurs, des couleurs brillantes; leurs habitations, le plus souvent construites en bois et très simples, sont peintes en blanc, en rose, en rouge vif. Leurs costumes, variés suivant les régions, sont aussi de couleurs tranchées; chose curieuse, ils rappellent, ainsi que l'ameublement lui-même, certains costumes de notre Basse Bretagne: par exemple, les longs cheveux flottants des hommes, leurs vestons courts et les larges braies; les corsages des femmes, élégamment échancrés, les larges coiffes blanches. Dans les campagnes, beaucoup de détails caractéristiques, variables selon les lieux, s'ajoutent à ces traits généraux; tandis que dans les villes le vêtement des bourgeois se conforme, plus ou moins, comme partout, à nos usages français.

LES LAPONS

Les Lapons ne sont pas des nains, mais simplement des hommes de petite race, d'environ un mètre et demi de taille, et qui paraissent petits surtout par le contraste qu'ils font avec leurs proches voisins les Suédois du Nord, gens de très haute stature. Ils ne sont pas si laids non plus qu'on s'est ingénié à les dépeindre : ils ont le nez épaté, les pommettes des joues saillantes, les yeux petits, mais vifs et doux, bruns ou noirs d'ordinaire; le front bien fait, le visage en losange plutôt qu'ovale, la barbe rare, la peau un peu jaunâtre. Il y a chez eux des blonds, des noirs et des châtains: preuve que la race est mélangée de diverses origines. Les Lapons sont parents des Finnois, des Mongols de l'Asie et de ces terribles Huns qui dévastèrent l'Europe au ve siècle; mais les populations actuelles du Nord glacial sont au contraire douces et pacifiques. Et de même il ne faut pas les considérer comme des sauvages ; ils sont civilisés plus qu'à demi, et autant que le permet cette existence presque errante, à eux imposée par le rude climat de leur neigeuse patrie.

Les Lapons des côtes sont surtout pêcheurs; ceux de l'intérieur sont pasteurs de rennes, leur sol se refusant à porter des moissons. Les pasteurs

Costumes lapons.

vivent par familles à peu près isolées dans les forêts ; leurs demeures ne sont que de pauvres cabanes de branchages et d'écorces, recouvertes de toile grossière ou de peaux, avec un simple trou au sommet pour laisser échapper la fumée : quelque chose entre la hutte et la tente. Toute leur ressource, toute leur richesse, c'est le troupeau de rennes. Il en faut deux cents au moins pour faire vivre une famille; un riche en possède plusieurs milliers. Nourris de feuillage surtout et d'herbe, l'été, l'hiver de rudes *lichens* qu'ils découvrent en grattant du pied la neige, les rennes fournissent à ces simples et pauvres gens le laitage, dont ils font des fromages, la seule viande dont ils se nourrissent, la peau dont ils font des tentes, des vêtements, des chaussures, les bois et les os dont ils fabriquent toutes sortes d'objets et d'ustensiles. De plus, le renne demi-apprivoisé remplace pour eux le cheval et toute bête de bât ou de trait : on lui fait porter les fardeaux, on l'attelle à des traîneaux rapides qui volent sur la neige durcie. — Ajoutons le chien, souvent aussi lui-même attelé aux traîneaux, l'ami du Lapon, l'inséparable auxiliaire du berger. Le costume des Lapons est ce qu'il peut être en ces climats glacés : un épais enveloppement d'étoffes de laine et de fourrures ; le linge est inconnu. Les hommes portent des tuniques tombantes et des pantalons serrés, de grosses toques de fourrure sur la tête ; la coiffure des femmes est de forme conique ou relevée au sommet comme le cimier d'un casque. Les chaussures, en cuir de renne, redressées en pointe par le bout, sont complétées, l'hiver, par des *raquettes* plates pour marcher sur la neige molle, ou des patins à l'aide desquels le Lapon glisse avec une étonnante légèreté sur la neige durcie ou sur la glace des lacs. On se couche tout habillé sur un tas de feuillage ; on se couvre d'une épaisse courtepointe de fourrure. — Le meuble le plus curieux est le *berceau*, en façon de nacelle, où le pauvre nourrisson, sanglé, ficelé, véritablement enseveli, n'a pour respirer qu'un trou muni d'un grillage : singulière couchette que la mère porte suspendue à ses épaules par une courroie, ou accroche à un clou dans la cabane, à une branche d'arbre dans la forêt....

Les Lapons aiment fort cette existence sauvage et rude, mais libre et au grand air; pourtant ils se civilisent de plus en plus, achètent des vases de métal ou de faïence à la place des jattes de bois, des armes pour la chasse, des outils. Ils ont conservé leur langue, tout à fait différente de celles des Suédois, Norvégiens et Russes, leurs voisins ; ils sont chrétiens de nom, mais ont l'esprit rempli de superstitions bizarres. Au solstice d'été on célèbre la fête du soleil par des feux allumés sur les hauteurs, en ces nuits merveilleuses où l'astre ne se cache point, mais rase seulement à minuit l'horizon ; où, tandis que les ténèbres couvrent notre monde, le Nord resplendit de feux comme par nos plus beaux couchants, et que les neiges des montagnes reflètent des traits d'or et de pourpre.

LES RUSSES

Du côté de l'Asie, vers l'Oural et la Volga, la Russie est asiatique, mêlée de races diverses; mais la masse de la nation, tournée du côté de l'Europe occidentale, est une nation très européenne, *Slave*, c'est-à-dire *Aryenne* de race, et, on peut dire, française de civilisation, en tant qu'elle est civilisée. Les Russes n'ont pris part au concert du progrès européen que depuis peu de siècles; et au lieu de se laisser aller aux tendances des *Germains*, leurs plus proches voisins, ils se sont rapprochés, par un libre choix, du monde *latin* et surtout *français*. C'est que, pour être établis en une région froide et sous un climat excessif, les Slaves-Russes n'ont aucunement le tempérament tranquille, mais un peu lourd, des hommes du Nord; ils sont mobiles, actifs, enthousiastes quasi comme les Méridionaux, auxquels ils sont sympathiques. Vraiment le soleil aurait dû faire pour eux davantage....

La Russie slave comprend trois grands groupes de populations : les *Grands-Russiens*, vers l'orient et le nord, vers la mer Noire et l'occident; les *Petits-Russiens*, auxquels se rattachent les Polonais, Slaves aussi d'origine ; les *Blancs-Russiens*, entre les deux.

En Russie, dans les grandes villes, à Saint-Pétersbourg, à Moscou, il y a une population lettrée, riche ou aisée, qui suit à peu près les costumes de l'Occident, les modes de France et de Paris. Mais le climat oblige à certaines précautions. Dans toute maison, l'objet principal — naturellement — est le poêle, qui est vaste, et chauffe les trois quarts de l'année la maison entière comme une serre. Les pièces les plus importantes du costume sont les fourrures, dont on s'enveloppe jusqu'au nez.... A Saint-Pétersbourg, les voitures de l'été se transforment, l'hiver, en *traîneaux* élégants qui glissent sur la neige et la glace comme des traits; et le fleuve qui traverse la ville, la Neva, devient, six mois sur douze, une rue où les luxueux équipages se croisent, comme sur nos plus brillants boulevards. — Dans les petites villes, les villages, les hameaux, les maisons sont de bois, généralement fort pauvres. Les paysans vivent distribués par *communes*, qui portent le nom de *mir*; les ouvriers forment des associations assez semblables à nos *corporations* du moyen âge. Si la société russe est instruite et policée, les paysans, les *moujiks*, comme on les nomme, sont encore illettrés, ignares et misérables; leurs cabanes de bois sont pauvres et dénuées. Serfs naguère, ils ont été affranchis par le tsar Alexandre II (1861), qui, avec la liberté, leur a donné des terres. Mais il faut un certain temps pour faire l'apprentissage de la liberté; et nos pauvres paysans ne savent pas encore tirer parti de ces terres qui, dit-on, ne leur ont pas été départies en suffisante quantité pour les faire vivre.

Les Russes, en général, sont religieux à l'excès, fort superstitieux. La religion officielle, qui forme une Église chrétienne se rattachant à l'Église grecque, a pour chef le tsar lui-même; elle a des évêques, des prêtres qu'on nomme *popes*, des moines très nombreux. Le haut clergé est fort riche, et le culte déploie, dans les villes, une pompe, un luxe inouïs. Les Polonais annexés à la Russie sont restés catholiques; au midi, vers la mer Noire et la mer Caspienne, beaucoup de chrétiens du rite *arménien* reconnaissent des *patriarches* particuliers. Même en territoire européen, il y a les *Turcomans*, sujets russes, qui professent l'islamisme. — Mais en dehors de ces religions reconnues, il existe une multitude de sectes secrètes, dont quelques-unes sont caractérisées par toutes sortes de superstitions ridicules et même par un fanatisme incroyable, odieusement cruel; d'autres, au contraire, par une naïve et simple crédulité.

TRAINEAUX RUSSES.

ASIE

POPULATIONS SIBÉRIENNES

L'immense *Sibérie*, dont le nom seul donne froid, n'a pas et ne peut avoir, sous des latitudes si différentes, le même climat dans toute son étendue. Les régions situées vers l'océan du Nord sont absolument glaciales; les parties méridionales, quoique très froides, sont plus tempérées : l'été, très court, y est assez tiède, le sol est couvert de forêts magnifiques.

Les tribus qui occupent la Sibérie septentrionale sont nombreuses et diverses; mais les conditions d'existence, à peu près les mêmes, donnent forcément aussi des mœurs à peu près semblables à toutes les populations du Nord extrême, quelle que soit leur origine. Ainsi, tout au bord de l'océan Glacial, les *Samoyèdes* ont absolument l'aspect et la manière de vivre des Lapons; ils sont du reste de même race. Mais vers l'extrémité orientale, les *Tchouktches* et les *Kamtchadales* font la transition entre les Lapons d'Europe et les Esquimaux d'Amérique. Entre les deux extrêmes habitent les peuplades éparses des *Yakoutes*, qui sont de famille *turcomane*, et des *Tongouses*, d'origine *mongole*.

Ces derniers, demi-sauvages comme les autres, sont cependant intelligents et facilement civilisables. Ils vivent à l'état nomade dans les plaines et dans les forêts, pasteurs et chasseurs à la fois, mais non pas laboureurs ; pasteurs de rennes, de bœufs, chasseurs de toutes sortes de gibier, surtout d'animaux à fourrures. Ils possèdent des chiens, qu'ils attellent aux traîneaux comme font les Lapons ; ils élèvent aussi des chevaux, rares en ces pauvres régions. Mais la chasse est encore leur meilleure ressource. Ils vendent aux marchands russes et chinois ces précieuses fourrures qui atteignent un prix très élevé en Europe ; mais presque toujours ces simples gens sont dupes de leurs exploiteurs. Très agiles, vaillants, quoique absolument pacifiques, ils font preuve de leur bravoure dans la chasse dangereuse de l'ours brun ou blanc. — A ce propos, certains voyageurs disent avoir vu, à Bérézof, des Tongouses mener au marché des *troupeaux d'ours blancs*, comme on mène des moutons ou des bœufs.... L'idée que nous nous faisons de ces animaux, nullement débonnaires, rend difficile à imaginer un pareil tableau : à moins qu'il ne s'agisse d'oursons encore dans l'âge d'innocence, dont les chasseurs se seraient emparés après avoir méchamment occis leurs redoutables parents ! — Les Tongouses sont gais, francs, ouverts, hospitaliers, serviables et non serviles, d'abord gracieux et avenant ; ils aiment fort la danse et les chants. Ils ont pour toute religion certaines pratiques superstitieuses bizarres, et pour prêtres et prêtresses des *chamans*, prétendus sorciers et sorcières, dont les sorts, croient-ils, ont influence sur le temps, sur la chasse, et qui sont en même temps les seuls médecins de ces tribus. Les femmes, assez jolies, sont passionnées pour la parure et se couvrent d'étoffes brodées à grandes franges, ornées de dessins à grosses couleurs et de fourrures ; quelques-unes se tatouent le visage.

Plus vifs d'esprit, plus faciles encore à initier à la civilisation et au commerce, les Yakoutes ne valent pas les Tongouses ; ils sont rusés et plus souvent dupeurs que dupés. Ils s'occupent un peu d'agriculture et beaucoup de l'élevage du bétail, chevaux, bœufs et rennes ; ils ont des ouvriers très adroits en diverses industries. Leur costume est assez bizarre ; leurs espèces de chapeaux chinois coniques à haute pointe, et qui rappellent les légendaires bonnets d'astrologues et de magiciens, surmontés encore d'une touffe, leur donnent un air singulier. La plupart portent aussi la queue chinoise, la longue tresse de cheveux pendante sur le dos, signe de leur descendance mongolique. — Ces gens ne sont pas moins superstitieux que leurs voisins, ni moins crédules à l'égard des conjurations de leurs sorciers.

Il y a chez les Yakoutes, au bord des fleuves, quelques villes, qui ne sont en réalité que des villages ensevelis sous la neige les trois quarts de l'année.

Leur capitale *Iakoutsk* est *la ville la plus froide du monde* ; la température y est la même qu'au sommet du Mont-Blanc ! On s'étonne que des êtres humains se résignent à vivre en de pareilles contrées.

Voisins aussi des Tongouses, mais de race différente et d'origine finnoise, les *Ostiaks*, moins déliés, plus lourds, plus laids, demi-sauvages, ont à peu près la même existence de chasseurs et de pasteurs errants, les mêmes super-

Costumes yakoutes.

stitions. Le respect religieux des morts est le principal trait de leur croyance. Une coutume, chez eux, est extrêmement touchante dans sa naïveté. Quand un membre de la famille meurt, on façonne une sorte de poupée figurant le défunt, qu'on habille et déshabille chaque jour, qu'on assied à table, qu'on met au lit.... L'être disparu se survit ainsi fictivement à lui-même dans cette sorte de simulacre qui en rappelle le souvenir à chaque instant du jour pendant trois années entières.

CHINOIS ET CHINOISERIES

« Tout au rebours de nous! » disent de facétieux voyageurs, qui se plaisent à citer certains traits de mœurs et des coutumes singulières de la nation chinoise : « dans cet étonnant pays on commence le repas par le dessert pour finir par le potage : la gauche est la place d'honneur; le blanc est la couleur du deuil; on se couvre la tête par respect devant les supérieurs; on se rase

Enfants chinois.

les cheveux et non pas la barbe; on écrit les lignes de haut en bas et on feuillette les livres à rebours. Quand un homme a rendu des services à son pays, on anoblit ses ancêtres et non ses descendants; les places et fonctions de l'État sont réservées aux plus instruits.... » On peut ajouter, si l'on veut, que les *Célestes* ont toutes sortes de mets bizarres, ailerons de requins, carapace molle de tortue, *nids d'hirondelles*!... et qu'au lieu de cuillers et de fourchettes ils se servent de deux bâtonnets passés entre les doigts et très habilement manœuvrés en façon de pincettes pour saisir les morceaux et les porter à leur bouche. — Mais il y a autre chose à dire aussi, et de plus sérieux. D'abord les Chinois sont une race de travailleurs. Civilisés depuis des siècles et des siècles, bien longtemps avant nous, ils eurent et ont encore des ouvriers extrêmement habiles dans toutes sortes d'industries. Ils ont les arts du luxe, les beaux meubles laqués, dorés, incrustés de nacre et d'ivoire, la porcelaine, la soie, les riches tissus, les broderies. — Et cependant, avec cela, les Chinois ne sont pas vraiment artistes, ni peintres, ni sculpteurs, ni musiciens, ni poètes, quoiqu'ils aient des livres, des chansons, des pièces de théâtre. Ils ont des *lettrés* qui connaissent l'histoire et manient avec une merveilleuse adresse le petit pinceau avec lequel ils tracent les lettres extrêmement compliquées de leur singulière écriture.

Tous les hommes aisés savent plus ou moins lire, écrire, et compter au moyen d'une sorte de petit boulier de perles enfilées; les enfants, qui sont fort gais, poupins et gentils, vont aux écoles, portant sous le bras leurs *tablettes*. Mais le peuple chinois est par-dessus tout un peuple agriculteur,

Jeune Chinoise aux petits pieds.

et la Chine *du Milieu* un pays très bien cultivé, très habité, très fertile. Les paysans apportent aux marchés des villes toutes sortes de beaux fruits et de légumes; ces jours-là, on peut voir sur toutes les routes, aux environs, des centaines de rustiques, chacun poussant sa brouette lourdement chargée de denrées, et souvent, par-dessus, sa femme et ses enfants, qu'il voiture à la ville. Qu'il fasse un peu de vent, notre bonhomme en profite; et le voilà qui dresse au milieu un mât, une voile avec des cordages, absolument comme sur un bateau; la voile se gonfle, tire, et l'étonnante voiture navigue sur terre.... Très sobre, très actif, le laboureur tire un étonnant parti de son sol.

Dans ce vaste Empire Chinois, vingt fois plus grand que la France, il y a entre les diverses régions des différences notables de races, de mœurs, comme aussi de climat et de productions. Le vrai Chinois de la vraie Chine, c'est-à-dire du *Pays du Milieu*, n'est pas beau. Un vilain teint jaune, un visage en façon de losange, de petits yeux tirés au coin et fendus obliquement, remontant vers les tempes; un nez plat, camard, de grosses lèvres en avancée; une barbe rare, très noire, des cheveux très noirs aussi, plats, droits et raides, qu'il rase sur presque toute la tête, réservant seulement au sommet une très longue mèche dont il fait une tresse pendante, sorte de queue qui lui tombe sur le dos, coutume imposée aux Chinois, il y a deux siècles, par leurs conquérants les Mongols; taille médiocre, corps trapu, vigoureux: tel est, au physique, le *Fils du Ciel*: c'est ainsi qu'il s'appelle, tandis qu'il nous qualifie, nous autres, de *barbares*.... Le costume national est simple, commode, assez élégant. Pour les hommes, un pantalon large, une sorte de tunique longue par-dessus; puis un manteau plus court, à manches très longues; la coiffure est une sorte de toque, ou un chapeau de forme conique en façon d'abat-jour: c'est le vêtement des bourgeois, des marchands, plus ou moins riche d'étoffe, plus ou moins orné de broderies; l'ouvrier simplifie en supprimant la tunique. Les femmes portent la robe longue, tombant jusqu'aux pieds, et le mantelet à manches plus long que celui des hommes; leur coiffure, assez variée de forme, est élégamment ornée de broderies, de rubans et de fleurs; les femmes mariées se distinguent par une longue *aiguille de tête*, retenant leur chevelure. — Très oisives, les femmes chinoises riches passent leur temps dans leurs jolis petits appartements retirés, à cultiver des fleurs, soigner des oiseaux, peindre des éventails, broder, tresser, prendre de petites tasses de thé, jouer d'une petite guitare, recevoir des visites. Elles ne sortent qu'en *palanquin* bien fermé, et ne se laissent point voir aux hommes. Elles subissent la mode étrange et ridicule des *petits pieds*.... A force d'entourer, dès l'enfance, leurs pieds de bandelettes étroitement serrées, elles arrivent à les empêcher de croître, en sorte qu'ils restent petits,... mais transformés en hideux moignons presque sans orteils, sur lesquels elles peuvent à peine faire quelques pas en chancelant. Pour en arriver là, elles auront souffert toute leur vie. — Qu'avez-vous à dire, vous autres? C'est la mode! Et à l'égard de la toute-puissance de la mode, tous les Chinois, savez-vous, ne sont pas en Asie!...

Ceux de la Chine sont bien, par exemple, le peuple le plus cérémonieux de la terre. A la maison, en visite, en affaires, le temps se passe en salutations, salamalecs, compliments d'une amusante exagération. Le difficile est... de s'en aller. Car l'hôte poli sait qu'il est de son devoir de conduire son visiteur, lequel, à son tour, ne saurait manquer à la bienséance au point de ne pas reconduire un homme de si haute valeur, lequel ne laissera pas s'en retourner seul un visiteur de cette qualité, lequel.... — On ne sait pas comment cela peut finir.

RUE COUVERTE A CANTON.

COUTUMES ET FÊTES JAPONAISES

A sa face en losange, à ses yeux fendus obliquement, à son costume, du premier coup d'œil vous croiriez voir un Chinois ; regardez-y de plus près, et vous reconnaîtrez que le Japonais est un autre homme. Au physique, d'abord, il diffère par la couleur de la peau, qui est très brune et basanée, mais non pas jaune ; les femmes même ont le teint presque aussi blanc que les Européennes. Au moral, la distance n'est pas moindre. Ainsi, tandis que les *Fils du Ciel*, travailleurs adroits, industrieux, mais routiniers, entichés de leurs vieilleries et pleins d'un orgueil têtu, semblent ne vouloir prendre aux *barbares* — c'est de nous autres qu'il s'agit, s'il vous plaît — qu'une seule chose et certes la moins bonne, l'art meurtrier de la guerre, les Japonais, au contraire, plus vifs d'intelligence, extrêmement curieux de nouveauté, depuis qu'ils sont en communication avec les nations occidentales se forment rapidement. Mettant hardiment de côté certaines coutumes superstitieuses, certains traits de mœurs cruelles, restes des anciens temps, ils adoptent notre industrie, nos arts, nos idées. Ils veulent et ils ont des machines, des bateaux à vapeur, des chemins de fer — surtout des écoles. Doux, polis, même cérémonieux, d'agréable humeur et bons enfants, affables pour les étrangers, ils ont quelques-uns des traits de notre tempérament français ; aussi deviennent-ils nos alliés et nos amis de préférence.

Les Japonais, peuple fort gai, sont passionnés pour les fêtes, les danses, les mascarades, les divertissements et les spectacles. A certains jours, nombreux dans l'année, ce sont par les rues des processions burlesques de gens costumés de façon bizarre, avec des masques d'une laideur comique, des gestes désopilants ; des chars, des palanquins chargés de bouffons, des caricatures affichées sur le passage, des tours, des jongleries de saltimbanques, des exercices de lutteurs et d'équilibristes, des boniments de marchands forains, égayés de plaisanteries au gros sel, des parades et des feux d'artifice en plein jour ; le soir, des files de lanternes et des illuminations. Le tout avec un vacarme joyeux, une cohue de peuple, un entrain délirant dont nos fêtes parisiennes ou villageoises ne peuvent donner la moindre idée, parce que là-bas chacun s'y met pour son compte et que les spectateurs font partie du spectacle ! Les théâtres sont très courus, et faits de telle sorte que les acteurs et les auditeurs sont presque mêlés ; les pièces sont toutes d'un héroïsme burlesque ou d'une folle jovialité. La religion aussi s'en mêle ; et les fêtes sacrées, dans

FÊTE POPULAIRE JAPONAISE.

les temples, avec les costumes bizarres des *bonzes* ou prêtres bouddhistes, leurs danses, leurs cérémonies et leurs illuminations, leurs chants, le tintement des cloches et des clochettes, le bruit des tam-tams et de tous les instruments de musique possibles, tous monstrueusement discordants, ne sont pas les moins amusantes des mascarades japonaises.

Francs et loyaux, les Japonais sont fort éducables ; très anciennement civilisés, ils ont une langue à eux, différente de celle des Chinois, une écriture particulière, une littérature nationale, des livres, une histoire, des poèmes, des pièces de théâtre ; l'instruction est fort en honneur chez eux, presque tous savent au moins lire, écrire et compter; j'ajoute : et dessiner. Ils sont, en effet, très bien doués pour les arts du dessin et tout ce qui s'y rattache. Ces gens-là ont une manière à eux, très vive et originale, de rendre en quelques traits de pinceau la physionomie des choses, les attitudes des personnages et des animaux, surtout d'imiter les plantes, les oiseaux, les

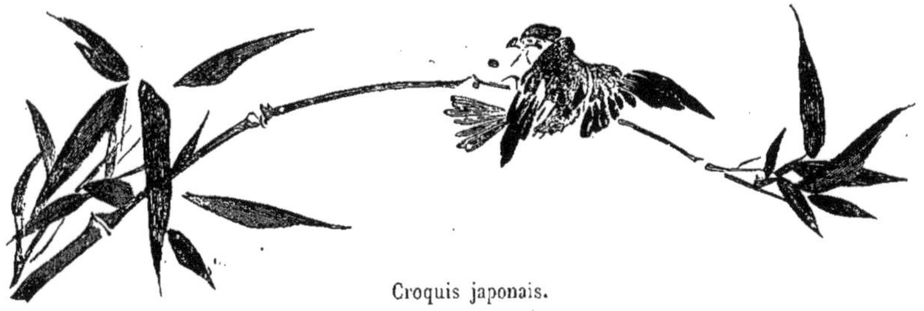

Croquis japonais.

insectes. Bien plus *artistes* que les Chinois, leurs meubles marquetés, leurs poteries, leurs vases de bronze, fort à la mode chez nous aujourd'hui, ne sont pas seulement remarquables par la beauté de la matière, la richesse des couleurs, la délicatesse du travail, ils prouvent beaucoup de goût et d'imagination, une certaine fantaisie curieuse et attrayante.

Les Japonais sont de taille moyenne; ils ont les yeux noirs, les cheveux noirs ; les hommes ont la barbe noire et très fournie, mais ils la rasent complètement. Les femmes relèvent leur chevelure en torsade sur la tête et la maintiennent avec de longues épingles ; on a la manie bizarre de raser la tête des enfants, en laissant seulement çà et là quelques touffes de cheveux, ce qui produit un effet des plus singuliers. Citons encore le ridicule usage des femmes mariées de se teindre les dents en noir.... Du moins elles n'ont pas la manie des *petits pieds* chinois ! — Le costume national du Japon est une sorte de robe de chambre ouvrant par devant, que l'on croise à la taille en la retenant par une longe ceinture d'étoffe de laine ou de soie ; dessous, un large pantalon bouffant, qui tombe jusqu'aux pieds; en hiver, une sorte de par-dessus à manches. Les gens d'un rang élevé et les fonctionnaires ont seuls le droit de porter des étoffes de soie, et deux sabres, l'un grand et recourbé, l'autre court, passés à leur ceinture. Le chapeau est hémisphérique, en façon d'écuelle renversée. Les chaussures sont, à la maison, des pantoufles de paille tressée; au dehors, des sandales de bois à très hauts talons et bouts de pieds; ainsi chaussés, les Japonais ont l'air de marcher sur des petits bancs.... N'oublions pas l'indispensable éventail, que les hommes aussi bien que les femmes, et les soldats aussi bien à la bataille qu'à la parade, ont toujours à la main; les uns et les autres portent, quand il fait grand soleil, de larges parasols. Le costume des femmes diffère par la robe plus longue, la ceinture plus large, nouée par derrière et retombante; costume variable, d'ailleurs, dans le détail, suivant la saison, les occasions, le rang, la richesse.

INDO-CHINE ET TONKIN

De toute cette immense région de l'Indo-Chine, plus ou moins soumise au protectorat de la France, seuls les habitants du *Cambodge* se rapprochent des Hindous par la race, la langue, le caractère et les idées: qui dit *Cochinchinois*, *Annamite* ou *Tonkinois* dit Chinois. Du premier coup d'œil nous reconnaissons la race jaune, à la face en forme de losange, aux pommettes des joues osseuses, au nez aplati, aux petits yeux obliques mal fendus, à la taille ramassée, aux jambes courtes. Le costume est chinois, la langue est chinoise; les mœurs, les usages, les idées, l'administration, la religion aussi, pour le peu qu'il y en a; les superstitions et les cérémonies sont *à la chinoise*. Les qualités et les défauts sont chinois. Ces gens têtus, entichés de leurs vieilleries, défiants de l'étranger — excepté du Chinois, — ne manquent pas d'intelligence; ils sont rusés, flatteurs, fourbes, menteurs au delà du possible, peu sûrs en affaires. Avec cela, il faut leur reconnaître la patience et la persistance, un certain goût pour l'étude, une bonté naturelle, et surtout l'amour de la famille: la vertu chinoise. Mais les vrais *Fils du Ciel* de l'*Empire du Milieu* sont travailleurs, et les Annamites, les Cochinchinois, sont paresseux : peut-être est-ce le climat, la chaleur humide, étouffante, de ces pays bas et mouillés qui les énerve. — Il vient très peu d'Européens dans ces régions, très fertiles, mais affreusement malsaines pour nous, et ceux qui y viennent ne font que passer... ou y meurent. Au contraire, les *Célestes*, plus ou moins acclimatés d'avance, envahissent tout, remplissent tout.

La Cochinchine n'est guère que l'immense delta du grand fleuve *Mé-Kong*, terre demi-noyée, coupée de branches de rivières et de canaux; le vrai Tonkin est le delta du fleuve Rouge, très peuplé et très cultivé, tout aussi mouillé, mais un peu moins malsain que la Cochinchine, parce que la chaleur n'y est pas si forte; l'Annam accessible est une étroite bande de rivage; les parties montagneuses de ces pays sont, dans l'intérieur, couvertes de forêts, sans routes, presque inconnues et inabordables aux étrangers. Dans toutes ces régions de fleuves et de canaux, d'îles, de côtes, tous les transports, tous les voyages se font par eau; on ne voit que barques et navires; chaque famille a son batelet. Le paysan porte ses légumes au marché dans son bateau, la ménagère va faire ses provisions en bateau; et c'est en bateau aussi qu'on vole et qu'on pille.... Le grand métier, le métier national des gens de la côte, en Annam et au Tonkin, c'est la *piraterie*, le brigandage de la mer.

Le costume des Annamites, comme des Tonkinois et des Cochinchinois, ressemble beaucoup à celui des Chinois. Chose curieuse, celui des hommes diffère très peu de celui des femmes; en sorte que d'un peu loin on les confond facilement. Pour les uns comme pour les autres le vêtement principal est la robe ou tunique avec le pantalon large; seulement le vêtement des hommes est plus court, celui des femmes plus long et plus flottant. A cela joignez, par-dessus, une sorte de manteau, ou une tunique courte à larges manches, que les nobles, les fonctionnaires, les *mandarins*[1], portent enrichie de broderies; les ouvriers et hommes du peuple se dispensent ordinairement de la robe longue, qui les gênerait, et se contentent du pantalon et de la tunique. Hommes et femmes relèvent leurs cheveux sur le haut de la tête en façon de chignon : ils ont pour coiffure ou les petits chapeaux en abat-jour des Chinois, ou d'immenses *chapeaux parasols* qui font un effet très bizarre. Les hommes les portent pointus ou arrondis en forme de dôme, et les femmes aplatis.

C'est au *Laos*, sur le cours de l'un des affluents du Mé-Kong, que des explorateurs français ont récemment découvert les étranges monuments, si l'on peut ainsi dire, d'un art bizarre et dont on ne retrouve nulle part ailleurs, je crois, de pareils exemples. On rencontre, sur les bords et dans le lit même de la rivière, des rochers sculptés qui offrent des formes gigantesques, impossibles à méconnaître, d'animaux divers, de personnages, de têtes humaines. Or, chose singulière, les curieux artistes ont cherché à laisser à ces figures fantastiques l'aspect quasi naturel, comme si ces rochers n'eussent pas été taillés de main d'homme et eussent seulement offert de fortuites et vagues ressemblances. De loin, l'apparence est frappante; si l'on approche, les teintes se confondent, les figures disparaissent; on voit un rocher comme un autre... Où l'on croyait voir des yeux, c'est une tache blanche inégale, ce

1. Voir le dessin page 158.

qui était un museau devient une saillie toute brute de la pierre.... Bien plus, les mêmes personnages se sont ingéniés à donner par la taille aux arbres isolés, aux groupes d'arbres, aux touffes de buissons, des formes ébauchées, mais parlantes, d'animaux, bœufs, éléphants, singes, reptiles, dans des attitudes fort naturelles; une montagne, même, couverte de bois, figure un éléphant couché, et la place de l'œil est marquée par un espace déboisé intentionnellement. — Tout ce mystérieux travail a dû coûter des siècles, et doit être retouché chaque année. Ce qui est plus extraordinaire encore, c'est que les gens du pays refusent d'expliquer ces ressemblances manifestement artificielles, et même de les apercevoir; ils soutiennent, contre toute évidence, qu'il n'y a là que de vaines apparences, et que la nature seule a tout fait.

LES LAMAS AU THIBET

« Il y a au Thibet un homme... qui est dieu ! » — ou, s'il ne l'est pas tout à fait, il ne s'en faut guère, comme vous allez le voir. Immortel, tout d'abord ! — Mais il faut s'entendre; cela veut dire simplement que dès qu'il vient à trépasser on lui trouve immédiatement un successeur. Le Dieu vit en lui, ou plutôt il est le Dieu lui-même incarné; et la divinité passe ainsi de corps en corps depuis des siècles et des siècles. Infaillible aussi, naturellement: nul n'en doute parmi les millions et millions d'adorateurs prosternés qui, de près, de loin, lui adressent leurs hommages et leurs dons, leurs vœux, leurs prières. Cet homme dont je veux parler, c'est le suprême pontife de la religion bouddhique, dans la secte thibétaine; *Bouddha vivant*, science incarnée, lumière du ciel et tout ce que vous voudrez, en un mot le *Grand Lama*, chef des innombrables lamas de l'Asie centrale. Ceux-ci, prêtres et religieux, sont en même temps les lettrés du pays. Les plus élevés en dignité ne se marient point. Ils se distinguent du peuple en se tondant le sommet de la tête et portant de longues robes ; ils étudient, dans leurs écoles, leur vieille langue sacrée, que personne, excepté eux, ne comprend plus dans la contrée, les dogmes de leur religion, les rites de leur culte, et passent leur temps en prières, en pèlerinage aux nombreux monastères d'hommes et de femmes dont le pays est tout parsemé. Dans leurs églises bouddhistes, ornées d'images sculptées et peintes, devant les autels chargés de chandeliers et de cierges, de vases sacrés, de livres liturgiques, ils officient au son des cloches, vêtus de chapes brodées, coiffés de mitres, tenant en main des crosses, entourés d'enfants de chœur qui balancent des encensoirs. Ils chantent des hymnes en vieux langage, s'agenouillent, invoquent leurs saints, exposent leurs reliques dans des reliquaires d'or; ils donnent des bénédictions à la foule et l'aspergent d'eau lustrale, font des exorcismes sur les malades, confessent les pénitents, assistent aux funérailles et prient pour les défunts, enseignent aux enfants les prières, font réciter aux fidèles les litanies et le chapelet, et, surtout, recueillent les offrandes. — A ces choses, racontées avec de curieux détails par le savant missionnaire M. Huc, qui a longtemps habité le Thibet, ajoutez une invention vraiment fort ingénieuse: le *moulin à prière*! Imaginez un large cylindre sur lequel s'enroule une feuille de parchemin où sont écrites des formules sacrées; en tournant comme à la broche, en face du ciel, ce tourniquet déroule, n'est-ce pas, offre à lire et fait passer sous les yeux des dieux qui, d'en haut, regardent la terre, les hymnes composés en leur honneur.... Il ne s'agit donc plus que de donner au cylindre un mouvement de rotation sur son axe : or cela peut se faire de plus d'une manière. Il y a, par exemple, à la porte des monastères, des moulins à prière auxquels les dévots donnent un tour de manivelle en passant; il y a des moulins à prière *à vent*, sur les collines, que les souffles de l'air font rouler sans qu'il en coûte nul effort à personne, et, le long des ruisseaux, des moulins à prière *à eau*, qui *moulent* continuellement pour le salut du genre humain. — Après cela, ce me semble, on peut tirer l'échelle!

ENLÈVEMENT DE LA FIANCÉE

La cérémonie caractéristique du mariage légal, librement consenti et traité par les parents, est, chez les *Turcomans*, un simulacre d'enlèvement. La fiancée, enveloppée de longs voiles, parée de ses plus jolis atours, couronnée d'une coiffure en forme de diadème, monte sur un cheval, couchant devant elle, en travers de la selle, un agneau ou bien un chevreau, et gagne la plaine. Alors commence la *poursuite de la fiancée* : le futur époux, entouré de ses amis, tous montés sur leurs plus rapides chevaux des steppes, s'efforce de l'atteindre et de la saisir ; la jeune fille fuit, se dérobe par des feintes, jusqu'à ce qu'enfin le ravisseur la joigne, et, faisant semblant de contrainte, la ramène vers les tentes paternelles, où les autres préliminaires et réjouissances nuptiales vont avoir lieu. Les idées d'*enlever* et de *prendre*, de *ravir* et d'*emporter* me paraissent faire le fond du tempérament turcoman. Cette population, issue des *Turcs* de l'histoire, n'a fait que continuer dans ses steppes la vie nomade et pillarde, la vie de pâturage et de brigandage que menaient ses ancêtres avant leur établissement sur le sol conquis. Ce sont des hommes de grande taille, forts et souples, vigoureux, aux yeux petits, fendus obliques et perçants comme des pointes; grosses lèvres, cheveux rudes et courts, en broussaille, physionomie dure et fière. Hospitaliers entre eux et honnêtes, ils se montrent, dans leurs expéditions de guerre et de pillage, d'une cruauté inouïe. Tous sont nomades, et vivent sous des tentes de feutre, appelées *kibitkas*, qui ont la forme de cylindres surmontés d'un dôme en calotte sphé-

Intérieur d'une kibitka turcomane.

rique. La charpente de la tente est en bois léger; à l'intérieur elle est revêtue d'étoffes plus ou moins grossières, plus ou moins fines et riches; avec des nattes, des tapis, quelques ustensiles en forment l'ameublement. Les Turcomans vivent du produit de leurs nombreux troupeaux de bœufs et de vaches, de brebis, de chevaux : viande, laitage, lait aigri, fromage. L'habillement national consiste en une sorte de robe de soie rouge; les hommes y ajoutent une façon de veston court et un bonnet de fourrure, les femmes un grand châle noué à la ceinture. Ces dernières aiment fort la parure, et se couvrent, se surchargent de bracelets, de bijoux, de pièces de monnaie percées, suspendues en couronne autour de leur coiffure; elles ne voilent point leur visage.

POURSUITE DE LA FIANCÉE CHEZ LES TURCOMANS.

L'INDE

L'Inde des merveilles, « l'Orient du soleil », l'Orient des contes de fées et des légendes antiques, le mystérieux pays des montagnes sacrées, des grands fleuves, des grandes forêts, des riches vallées, des plaines luxuriantes, avec sa végétation fougueuse, ses fruits délicieux, ses parfums, ses épices, avec ses éléphants, ses oiseaux au plumage versicolore, avec ses temples et ses palais d'une architecture féerique, monstrueuse à la fois et splendide, vastes comme des villes, sculptés comme des bijoux d'ivoire avec ses royaumes et ses capitales immenses, avec ses langues savantes, ses poèmes magnifiques, ses arts, son industrie, son luxe inouï, son or, ses perles, ses diamants, n'est plus qu'un rêve. Tout cela est aujourd'hui à l'état de ruine, inspirant à la fois l'admiration et la pitié.

A une époque très ancienne les hommes de race blanche, les Aryâs, descendirent dans l'Inde, déjà occupée par des peuplades de races noire et jaune, demi-sauvages; peu à peu s'étendant sur le pays et se mêlant diversement aux anciens habitants, ils constituèrent la population hindoue. Avançant rapidement en civilisation, ils formèrent de puissantes nations. Ils parlaient une langue célèbre qu'on nomme le *sanscrit*; ils avaient des arts, une littérature, des sciences; ils furent les instituteurs des Occidentaux. Malheureusement, toujours désunis, ces peuples ne surent pas se défendre; leur pays fut plus d'une fois, au cours des siècles, ravagé, conquis, asservi : par les Perses, par les Grecs, puis par les Musulmans, qui les convertissaient à coups de sabre. Enfin, dépecé, morcelé, ruiné, les Européens se le disputaient encore; les Français, les Anglais, voulurent l'avoir. Aujourd'hui les Anglais possèdent l'Inde; ils la rongent, ils la grugent et la dévorent. Les Anglais n'ont pas fait de l'Inde une colonie, mais une proie. Ils ne se confondent point avec les Hindous, quoique ceux-ci soient de race blanche et aryenne comme eux. Peu nombreux, ils vivent entre eux; ils font, çà et là, de quelques milliers de colons, de « petites Angleterres », hors desquelles ils ne voient rien... sinon ce qui peut être bon à prendre, — et ils le prennent.

L'Inde est en tout le pays des contrastes; il y a encore aujourd'hui des *radjahs* (rois) entourés d'un luxe inouï, des hommes opulents, des savants distingués, une société policée, tous les restes d'une civilisation brillante; et tout près, des populations misérables, même, en certaines régions, des peuplades absolument sauvages de race jaune ou noire, qui vont nus comme les

RÉCEPTION DE VOYAGEURS EUROPÉENS
PAR UN RADJAH.

nègres d'Afrique, habitent les forêts, vivent de chasse et s'abritent sous les huttes de feuillage. Les Hindous issus de la race blanche aryenne et surtout les brahmanes sont de beaux hommes, au teint brun; chevelure noire, visage d'un bel ovale, nez droit, grands yeux noirs ou bruns, intelligents et expressifs. Ils ont les extrémités petites et fines, la démarche noble. Les populations mêlées, les tribus demi-sauvages, ont les traits des races jaunes ou noires très diverses dont elles sont issues, différentes d'un lieu à un autre. Le costume des brahmanes est d'ordinaire très simple, celui des *radjahs* et des hauts fonctionnaires très riche et très imposant; celui des femmes aisées, diversifié selon les lieux et les modes, est ample, élégant, très orné, fait de belles étoffes de laine fine et de soie. Les femmes hindoues se distinguent par la passion des bijoux; elles en sont chargées : pendants d'oreilles, colliers, bracelets aux poignets, anneaux aux cous-de-pied; ce qui surprend davantage et peut bien passer pour un reste de sauvagerie, beaucoup portent un anneau, souvent orné d'un brillant, au coin de la narine.

Les deux grands traits de mœurs de l'Inde sont les *castes* et les *sectes*. Les *castes*, c'est-à-dire les classes d'hommes distinctes et qui ne se mêlent point, sont un effet de la diversité des races. Dans les anciens temps *brahmaniques*, il y avait quatre castes seulement : celle des *brahmanes*, des prêtres, celle des rois et des *guerriers*, celle des *laboureurs* et celle des *artisans*; en outre, des populations tenues en dehors des castes et de la société, que l'on appelle communément les *parias*. Aujourd'hui les castes sont beaucoup plus nombreuses. Dans cette *hiérarchie* de classes superposées, chacune méprise et abhorre celles qui lui sont inférieures; elle-même est méprisée et abhorrée par celles qui lui sont supérieures : c'est comme une cascade de dédain depuis le plus orgueilleux brahmane jusqu'au plus abject paria. Pour rien au monde un brahmane ou un guerrier ne voudrait toucher du doigt un homme des castes inférieures, ni recevoir de lui sa nourriture, ou même en approcher. — La conséquence d'une société ainsi divisée, où chaque classe est l'ennemie des autres depuis des siècles, c'est qu'elle est incapable de se défendre; aussi les Hindous, quoique braves, ont-ils toujours été vaincus, conquis, exploités.

Un trait de mœurs remarquable des Hindous en général et en particulier des brahmanes, louable, quoique poussé à l'excès, est leur extrême douceur à l'égard des animaux. Cela tient à leur bonté naturelle sans doute, mais aussi à leurs croyances religieuses : beaucoup pensent que les âmes des hommes passent après la mort dans le corps de divers animaux, pour un certain temps de pénitence. Croyant cela,... comment, par exemple, donner un coup de pied à un chien qui vous agace? « Si, par hasard, c'était mon grand-père!... » Les brahmanes tiennent pour sacrées les vaches, qui les nourrissent, mais non moins les tigres, qui les dévorent chaque année par milliers, et les serpents, qui les empoisonnent : à peine ose-t-on se défendre. On laisse les singes, animaux sacrés aussi, dévaster les champs et les jardins par grandes bandes pillardes; tout ce qu'on se permet, c'est de les écarter par des cris et d'enfermer les récoltes qu'on veut mettre hors de leurs atteintes. Dans beaucoup de villes de l'Inde il existe des *hôpitaux* pour les animaux : non seulement pour les animaux domestiques, vieux ou malades, pour les tortues éclopées et les perroquets centenaires, mais aussi pour toutes sortes de bêtes, et des moins intéressantes, pour les rats, pour les serpents, pour les crapauds,... pour les *puces*! Les brahmanes qui suivent rigoureusement leur religion ne mangent jamais aucune chose « ayant eu vie », et ne se nourrissent que de végétaux; en somme la population de l'Inde tout entière vit de riz, de blé, de gâteaux, de bouillies, et consomme fort peu de viande. Une secte curieuse, celle des *djaïnas*, pousse à cet égard le scrupule au delà des bornes imaginables. Figurez-vous ce brave homme de djaïna craignant tellement d'ôter la vie à un être, si petit qu'il soit, qu'en marchant il regarde sans cesse à ses pieds pour ne pas écraser une fourmi; il balaye avec soin la place où il va s'asseoir, il ne boit que de l'eau filtrée, de peur d'avaler de petits animalcules flottants : ceci, par exemple, est fort hygiénique. Bien mieux, il se couvre le nez et la bouche d'un tissu, dans la crainte d'aspirer un moucheron volant!... Tout cela ne doit pas contribuer à rendre l'existence facile!

L'Hindou est, par-dessus tout, un homme religieux, qui a un besoin extrême d'adorer. La religion primitive était très simple et très pure; avec le temps, sous l'influence des prêtres, elle devint très compliquée, avec des *dieux* à n'en plus finir, entremêlée d'idées superstitieuses, de pratiques bizarres et de traits de fanatisme cruel. L'Hindou brahmane adore une foule de divinités; son culte est encombré et surchargé de prescriptions qui dominent la vie entière, la naissance, le mariage, la mort. Les morts sont ou brûlés ou abandonnés aux eaux *sacrées* des fleuves. On cite avec une juste horreur l'affreuse coutume brahmanique qui obligeait les veuves à se brûler vivantes sur le bûcher de leur mari. Cette coutume, effet d'un fanatisme inouï, n'a pu être abolie que par la pression énergique des Européens. Aujourd'hui le sort des veuves est encore fort triste, le préjugé leur impose un deuil perpétuel, leur interdit toute distraction; du moins elles ne sont plus ni brûlées ni maltraitées, et peuvent même se remarier.

Le *bouddhisme*, qui, sans changer le fond des croyances, prêchait la *fraternité universelle* et supprimait les castes, né dans l'Inde, s'est répandu dans toute l'Asie, mais a fini par disparaître de l'Inde même; puis la religion mahométane s'est introduite par la conquête musulmane. Aujourd'hui le

RUINES D'UN TEMPLE HINDOU

brahmanisme et le mahométisme, l'un et l'autre assez altérés et mêlés, se partagent l'Inde.

L'enthousiasme religieux des Hindous s'est montré, entre autres choses, par le nombre inouï, l'immensité, la splendeur des temples, dont les plus

Pèlerin hindou chargé d'un carcan de fer.

beaux, aujourd'hui plus ou moins dévastés et ruinés, sont des merveilles d'un art fantastique, féerique, véritablement écrasant pour l'imagination.

Ce même fanatisme extraordinaire se trahit dans les pénitences rigoureuses que les dévots hindous s'infligent à eux-mêmes : toutefois cette ardeur va aussi diminuant, depuis un siècle. — La grande préoccupation qui domine toute la vie de l'Hindou est d'*expier*, de se faire pardonner ses fautes.

Les pénitences austères, effrayantes, les retraites dans les forêts, les jeûnes, les coups de fouet, les carcans de fer portés au cou pendant des années, les longs voyages nu-pieds, en mendiant sur les routes, sont, pour gagner l'éternel repos et éviter les peines d'outre-tombe, des moyens très puissants, mais — comment dirai-je ? — un peu compliqués. De même la cérémonie expiatoire qui consiste à se faire suspendre en l'air par des crochets de fer passés dans la chair du dos, et autres pratiques analogues, sont décidément choses dépourvues d'agrément.... Très en honneur, théoriquement, ces moyens héroïques sont de plus en plus délaissés, même abolis, et cela se conçoit,... surtout si l'on songe que certaines syllabes sacrées répétées, certains noms de divinités prononcés, produisent absolument le même effet à moins de frais. En somme, les *bains* sont encore le moyen par excellence pour *laver la souillure du péché*, idée qui ne doit pas vous paraître si étrange. Les bains dans le Gange, dans les rivières sacrées, dans les lacs sacrés, sont surtout efficaces; et ces lieux sont fréquentés par des millions de pèlerins baigneurs dont les âmes, naguère noires comme la suie, sont, au sortir de l'eau, blanches comme la neige. Les lotions et les aspersions d'urine de vache ou de lait (toutes choses égales d'ailleurs, je préférerais beaucoup ce dernier liquide) ont aussi de puissants effets sur l'âme. — Et maintenant, ô mes amis, apprenez la mystérieuse et divine formule, des milliards de fois répétée par les dévots hindous et tous les bouddhistes, d'une efficacité merveilleuse universellement reconnue pour la prospérité temporelle et le bonheur éternel, effaçant tous les péchés, chassant les démons, réjouissant les dieux ; elle est courte, voyons, et vous pouvez facilement la retenir, surtout si vous songez que chaque syllabe énoncée peut mériter des milliers d'années de félicité paradisiaque à nous tous aussi bien qu'aux riverains du Gange : car enfin il n'y a pas de raison plausible pour que sa valeur diminue avec le degré de longitude! Apprenez-la, pour votre salut, cette trois fois très sainte oraison, laquelle s'écrit ainsi en caractères sacrés (*dêvanagari*) :

ओं मानि पद्मे हूं

et se prononce : « *Om mâni padmé hoûm!* » Cela veut dire : « Oh! le joyau dans le lotus! Oh! » — Est-ce assez clair?

Qu'une telle découverte suppose chez les savants brahmanes et saints ermites des forêts, qui, à force de méditations profondes et d'extases mystiques, en sont arrivés à ces sublimités, une haute puissance de génie, certes personne ne le niera. Et cependant, si je ne me trompe, il y a mieux encore, et la palme doit rester à l'ingénieuse invention, tout à fait moderne de forme et dans l'esprit du progrès, dont tout l'honneur revient à une petite secte d'origine chrétienne très antique, mais dont les croyances sont singulièrement mélangées de toutes sortes de superstitions orientales. Chaque année, donc, à certaines fêtes, les fidèles écrivent leur *confession générale*, c'est-à-dire l'aveu de tous leurs péchés, sur des feuilles de papier ; avec ces feuilles ainsi noircies des souillures des âmes, on bourre un petit canon. Le coup part!... Les papiers, en miettes, volent éparpillés par les airs, et tous les péchés de la tribu sont dispersés au vent. Que le diable aille les chercher, maintenant!

MŒURS MATRIARCALES

Dans les régions montagneuses vers l'orient de l'Inde, vivent les singulières tribus du *Garros*, encore demi-sauvages ; mais l'adjectif n'emporte ici aucune idée de férocité, car ces simples gens sont doux, hospitaliers, honnêtes, pacifiques. Ils sont de couleur presque noire, et par l'aspect rappellent quelque peu la race chinoise ; ils sont agriculteurs et pasteurs. Mais le trait de mœurs le plus curieux, le plus *renversant* à notre point de vue, c'est que, chez ces populations, les femmes sont absolues maîtresses dans le ménage, et, ma foi, les choses n'en vont pas plus mal ! Le chef de maison, ce n'est pas le père de famille, c'est la mère ; et la famille elle-même se nomme *maternité*.

Seules les femmes possèdent les terres ; les hommes n'ont rien que leurs bras, et quand la maîtresse de maison meurt, ce sont ses filles seules qui héritent. Par une conséquence logique, mais bizarre, de ce renversement des choses, dans ce pays-là ce sont les jeunes filles qui demandent les garçons en mariage : bien plus, elles les font enlever ! Je me hâte de dire que cet enlèvement simulé n'est qu'une cérémonie. — Un beau jour, les frères et amis de la future épouse vont surprendre chez lui le jeune homme que la famille a choisi ; on l'emmène, on l'emporte, malgré sa résistance plus ou moins feinte, jusqu'à la maison de la mariée ; et il n'y a plus qu'à accomplir les rites et les fêtes de l'union. — Quelque chose de semblable se rencontre aussi chez les Hindous très civilisés du Malabar, où les mères, également, sont maîtresses de famille, où les femmes seules héritent et transmettent les terres que les pères et les frères cultivent pour la subsistance de la maison. Jusqu'à la domination anglaise le petit État de *Travancore* était de même gouverné par des reines se succédant « de mère en fille ».

LES JUIFS A JÉRUSALEM

« La triste Judée, qui compte ses âges par ses servitudes... », a dit Michelet. — En vérité, il n'y a pas dans l'histoire de plus mélancolique destinée ; et ce pauvre petit « peuple de Dieu » a été le plus malheureux de tous les peuples. Toujours envahis, conquis, chassés, emmenés en esclavage, soumis aux Égyptiens, aux Assyriens, aux Chaldéens, aux Persans, aux Macédoniens, ensuite aux Syriens, puis aux Romains, finalement dispersés par toute la terre : tel fut le sort de cette faible tribu, justement illustre pourtant, des *Beni-Israël* (fils d'Israël). Au moyen âge, dans tout l'Orient ils furent affreusement exploités par les Musulmans, et chez les Occidentaux cruellement persécutés, dépouillés, souvent massacrés, toujours chargés d'outrages. Tenus à part de la société humaine et forcés de se loger, dans les villes, en des quartiers spéciaux, sombres et tortueuses retraites parfois pourvues, comme des prisons, de grilles de fer qu'on fermait le soir, toute industrie leur était interdite, toute propriété, tout commerce ; et on les abhorrait à cause de l'usure, seul moyen d'existence qu'on leur eût laissé. Une malédiction légendaire pesait sur « la race réprouvée ». La Renaissance adoucit leur sort ; la Révolution et la France les affranchirent, leur donnèrent les *droits de l'homme et du citoyen*. Ils auraient tort de l'oublier.

Aujourd'hui encore les Juifs sont disséminés sur toute la surface du globe. Les pratiques de leur religion, compliquées et incommodes, leur rendent cependant très difficile le séjour parmi les étrangers et dans des climats pour lesquels elles n'ont pas été instituées. Chez les nations civilisées, la plupart des Israélites, quelque fût leur attachement à leurs traditions, ont été graduellement amenés à délaisser la plupart des prescriptions de leur *loi* ; beaucoup même se sont absolument assimilés aux membres de la société moderne les plus dégagés de toute forme particulière de culte, et ne se distinguent plus parmi nous. Un certain nombre se sont enrichis par le commerce et la banque ; quelques-uns ont ainsi réalisé d'immenses, d'effrayantes fortunes ; mais ces exceptions ne doivent point faire illusion ; en réalité, la masse des familles juives, dans nos villes, vit à l'état de médiocrité et même de pauvreté, subsistant au moyen de petites ressources, de petites industries, parfois aussi d'usure.

Si dans l'Europe policée ils sont, en général, tenus sur le même rang que les autres éléments de la population ou à peu près, chez les nations orientales, plus fanatiques, leur situation est encore aujourd'hui précaire et misérable comme elle l'était chez nous autrefois. Malgré la différence de sort et les distances, une remarquable fraternité existe entre eux; les riches Israélites font des aumônes considérables et ont créé toutes sortes d'institutions de bienfaisance au bénéfice de leurs coreligionnaires pauvres.

La *Judée*, qui fut autrefois une *terre de promission*, un pays d'abondance, est devenue, depuis des siècles, une région stérile, rocheuse et déboisée ; on

Jérusalem, vue des hauteurs du Sion.

sent là quelque chose d'aride, une tristesse infinie, qui est dans l'air desséchant, dans le sol nu, dans l'eau rare, dans l'œil de l'homme, dans tout, tellement irrésistible que le grand conquérant de la Palestine lui-même, l'enthousiaste croisé Godefroi de Bouillon, l'eut à peine possédée qu'il s'assit sur la terre nue et désira mourir. Aujourd'hui, avec des ruines de plus, on retrouve ce même abandon de la vie dans la physionomie résignée des *fellahs*, dans l'orgueilleuse misère des Arabes errants.

Malgré les persécutions et les *exodes*[1], les Juifs sont assez nombreux encore aujourd'hui dans leur pays d'origine, surtout dans leur antique capitale *Hiérou-*

1. Émigrations, expulsions en masse.

JUIFS PLEURANT AU PIED DE LA MURAILLE
DE SALOMON.

chalaïm — Jérusalem, comme nous prononçons. — C'est un sort bien étrange que celui de cette pauvre cité, également considérée comme *ville sainte* par trois grandes religions ennemies : la chrétienne, la juive et la musulmane. De là ses malheurs, qui en ont fait la légende du monde. Maintenant déchue, quasi déserte, et dans sa désolation entourée encore de la vénération des peuples, elle dont le nom signifie bénédiction et paix[1], sa topographie seule exprime ses déchirements et sa discorde intestine. La ville est divisée en quatre quartiers, quartier musulman, quartier chrétien, quartier arménien, quartier juif. Les Juifs forment à eux seuls la moitié de la population *hiérosolymitaine*. Ils sont loin d'être heureux, sous la coupe des Turcs hautains. Il y a parmi eux quelques savants *rabbins* (docteurs), occupés d'études hébraïques, de riches voyageurs et des pèlerins qui ne font que passer; quelques marchands et des changeurs; la plupart, fort misérables, vivent de petits métiers et d'aumônes. Une sorte d'attache invincible les retient autour de ces ruines, dans cette ville qui fut jadis leur capitale, aujourd'hui moins hospitalière pour eux que les cités étrangères.... Ils vivent très retirés, très fermés dans leurs familles; leurs femmes, femmes d'intérieur, intelligentes et actives, sont très supérieures aux indolentes et ignares *hanoums* turques.

Il est, au pied de la haute muraille, reste de l'antique *temple de Salomon*, dans l'enceinte dévastée duquel les Turcs ne laissent jamais pénétrer un Israélite, une petite cour isolée qu'on appelle l'*impasse des Larmes*. C'est là que tous les jours, mais surtout le vendredi, les Juifs viennent pleurer sur les ruines de leur sanctuaire aboli. On y voit des jeunes hommes, surtout des vieillards à longue barbe blanche et des femmes enveloppées de voiles ; les uns debout, le front appuyé contre la pierre, lisent à demi-voix quelque texte de leurs livres sacrés; les autres, assis à l'orientale ou prosternés, semblent absorbés dans la rêverie et la prière. Beaucoup pleurent de vraies larmes et laissent échapper des sanglots. Nulle douleur plus respectable que cette douleur faite de toutes les tristesses humaines, la race dispersée, la patrie perdue, la religion persécutée.... Tous l'ont senti ; et les Turcs, malgré leur fanatisme, n'osent troubler ces lamentations. — Le monde, qui les a foulés, a pris aux Juifs leurs légendes nostalgiques et leurs poésies d'exil ; les regrets du pays natal sont devenus le symbole des mystiques tristesses et des aspirations idéales, et ceux-là même qui les ont si durement persécutés chantent avec leurs cantiques et pleurent avec leurs larmes : *Jérusalem ! O Jérusalem !...*

1. *Jérusalem*, vision de paix ou héritage de paix.

SALAMALECS PERSANS

En Perse, il y a des Persans. — « *On peut être Persan!* » — mais tous les sujets du *Chah* ne le sont pas, — j'entends, ne sont pas, d'origine et de race, légitimes descendants des *Perses* ou *Iraniens* que vainquit Alexandre, tant s'en faut. Il y a beaucoup de mélange, là-bas; il y a : les Turcs, d'abord, qui sont la race conquérante, sous laquelle sont pliés les vrais *fils de l'Iran*; les *Tartares*, *Turkmènes*, *Kurdes*, *Arabes*; il y a des Juifs assez nombreux et pas mal de *Tsiganes*, dits chez nous *Bohémiens*.

Les religions, de même, sont très mêlées; mais les Mahométans font la grande majorité, divisés en nombreuses sectes. Il y a les *Arméniens* chrétiens, les *Guèbres*, adorateurs du feu qui ont conservé la religion des Mages, leurs ancêtres, enfin les *Bâbys* ou disciples de *Bâb*, prophète réformateur qui a paru il y a environ un demi-siècle, et ne prêchait aux hommes nul dogme, mais seulement l'amour fraternel et la simple charité. Cruellement persécutés, comme le furent en Occident les premiers chrétiens, les *Bâbys* existent encore et se propagent secrètement.

Les vrais Persans sont de beaux hommes, au visage brun, ovale, régulier, aux yeux noirs, à la chevelure noire bouclée; leur costume, qui varie selon les provinces, les croyances, les professions, les classes, est, en somme, le costume oriental, ample et majestueux : grandes robes plus ou moins flottantes, pantalons bouffants. Les uns portent le turban musulman; les autres, le bonnet persan, qui est la *mitre* des anciens mages. Ajoutons cependant que depuis un certain nombre d'années les gens de la haute société et les personnages officiels tendent à se rapprocher des costumes occidentaux, ainsi qu'on a pu le voir récemment encore quand le *Chah* Nasr-ed-Din est venu visiter notre Exposition. Les femmes, avec des traits un peu forts, sont cependant jolies et gracieuses, et les enfants, surtout, vifs et gais, sont tout ce qu'on peut imaginer d'adorable en fait de bébés. — Les costumes des dames sont amples et flottants, avec de grands voiles; femmes mariées et jeunes filles, celles des classes riches du moins, ne sortent dans la rue qu'ensevelies dans des vêtements bouffants, le visage absolument caché sous un voile blanc retombant sur la poitrine; dans l'intérieur elles se dédommagent, et étalent de gracieuses toilettes d'étoffes soyeuses et de riches couleurs.

Les coutumes persanes sont, en somme aussi, les coutumes mahométanes et orientales : ainsi la *polygamie*, les femmes séparées de la société des hommes et vivant dans le *harem*, qu'on nomme, en Perse, l'*anderoun* ; puis, pour les hommes, la passion des beaux chevaux, des belles armes. — Un signe remarquable du fanatisme persan est sans contredit l'enthousiasme de toute la population musulmane, non pas pour tous les *mollahs* ou religieux mahométans, avares et paresseux d'ordinaire, mais pour certains person-

Nasr-ed-Din, le schah de Perse actuel.

nages réputés saints et savants dans les choses sacrées, lesquels exercent une grande influence sur l'opinion, et imposent leur autorité aux princes, aux rois eux-mêmes. Nul n'oserait désobéir à leurs décrets, ni même les discuter; la mort d'un de ces personnages vénérés est considérée comme une calamité publique, et leurs obsèques sont entourées d'un concours inouï de fidèles.

Mais le plus curieux trait de mœurs de la Perse, c'est la *politesse*. C'est là le vrai pays des salutations, des compliments et des salamalecs: la Chine n'est rien auprès : et pourtant l'on sait s'ils sont cérémonieux, les *Fils du Ciel!* — Nos Iraniens abondent en formules de salutation emphatiques et hyperboliques. Un ami vient-il vous faire visite, ce sont des dithyrambes à perte de vue sur l'honneur qu'il vous fait, sur le charme de contempler sa figure; puis des informations pressantes sur sa santé, sur son bonheur. « *Votre nez est-il gras?* » — En Persan, cela signifie: « Comment vous portez-vous? » A quoi l'on doit répondre : « Oui, il l'est, par la grâce de Dieu et par l'effet de votre bonté. » — « Et votre grâce, — avec des inclinations et des *salams*, de la tête, des mains, — son nez est gras? — Sans doute, par l'infinité de votre miséricorde, ainsi que je le souhaite.... » — Ce qui équivaut à : « Pas mal, et vous? — Très bien, merci. » La conversation s'engage, à travers l'échange de politesses, d'inclinations, de souhaits, de bénédictions; et tandis que vous causez de vos affaires ou de vos plaisirs, tout à coup, s'interrompant, votre interlocuteur vous adresse aimablement une gracieuse et pressante récidive : « Votre nez est-il gras, selon vos désirs? »

LES PARSIS

Les derniers descendants des anciens Perses, sectateurs du célèbre *mage* Zoroastre (*Zarathustra*), les Parsis ou Guèbres, cruellement persécutés par les Musulmans, se sont dispersés dans toute l'Asie : on en rencontre surtout dans l'Inde, à Bombay et aux environs. Ce sont bien les plus doux et les plus vertueux des hommes; très attachés à leurs mœurs et à leur religion, ils ne sont ni fanatiques ni intolérants. Laborieux, honnêtes, extrêmement charitables, on ne connaît point de misérables parmi eux; ils sont très bienveillants pour les étrangers, sympathiques aux Européens. Parmi leurs coutumes, on remarque surtout celle de ne point enterrer ni brûler leurs morts : ils les exposent sur des monuments appelés *tours du silence*, où les vautours viennent les dévorer. — Les Parsis ne se marient qu'entre eux, et même dans leurs propres familles; le jeune homme épouse de préférence sa plus proche parente. Les fêtes du mariage sont fort solennelles et mêlées de cérémonies symboliques et gracieuses. Au reste, les mœurs des Parsis sont très douces et très pures; ils vivent en famille, dans la paix d'un intérieur fermé; les hommes sont graves, calmes, les femmes simples et affectueuses, les petits enfants, de physionomie très éveillée, sont gais et heureux. On donne souvent aux Parsis le titre d'*Adorateurs du feu* : en réalité, ils n'adorent point le feu

Le Temple du Feu, à Bakou.

même, non plus que le soleil; ils vénèrent seulement le feu et les astres, disent-ils, comme des symboles visibles de la divinité invisible, cause de tout bien, le mal étant l'effet du méchant esprit. Leur culte est très simple. Ils se réunissent sur les hauteurs pour saluer le soleil levant, et dans les temples pour réciter et chanter des prières en face de feux perpétuellement entretenus. Le Grand Temple des Parsis n'est pas dans l'Inde ; il est sur les bords de la mer Caspienne, près de Bakou. Là le sol, imprégné de naphte, laisse couler des sources de bitume et répand des vapeurs inflammables, que l'on peut recueillir, conduire par des tuyaux et brûler à la manière du

Enfants parsis.

gaz, produisant ainsi des feux qui semblent s'entretenir sans aucun aliment. Le *Temple du Feu* de Bakou contient sous sa coupole, sur des autels de pierre, plusieurs foyers ainsi mystérieusement alimentés ; d'autres flammes jaillissent au sommet même de l'édifice, parmi ses créneaux. Les prêtres guèbres y célèbrent leurs offices, qui consistent en prières et prosternements, en hymnes chantés en chœur, d'une mélodie très douce et très religieuse, accompagnés des sons clairets de petites cymbales.

INTÉRIEUR ORIENTAL

L'Orient musulman, du moins chez les classes riches, n'a pas l'idée de ce que nous appelons la vie de famille. Cette intimité de tous les instants entre le mari, la femme, les enfants, les frères et les sœurs, et dont quelques chose s'étend jusqu'aux parents plus éloignés, n'est point dans les sentiments ni dans les mœurs des orientaux, qu'ils soient Turcs ou Persans, Arabes ou Hindous : le *foyer* n'existe point, pour eux.

L'habitation d'un Musulman, haut fonctionnaire ou riche marchand, est double; il y a, d'abord, la maison des hommes, le *sclamlik*, la maison ouverte, où l'on reçoit les amis, les étrangers, où l'on cause, où l'on fume, où l'on dîne en compagnie, où les femmes ne viennent point; et, tout à fait à part, dans le lieu le plus reculé et le plus intime, l'appartement des femmes, où les hommes ne pénètrent jamais, si ce n'est le maître et seigneur. L'appartement des femmes se nomme le *harem*.

Dans ces pièces closes elles habitent, avec tout le petit monde des enfants, les nombreuses servantes attachées aux unes et aux autres, et, en outre, des esclaves, blancs ou noirs, noirs le plus souvent, qu'on appelle les *agassi*. Les *Hanoums*, les dames y passent leur existence monotone au milieu du luxe, des plaisirs, de la mollesse, dans une oisiveté parfaite, mais aussi dans le plus désolant ennui, n'ayant autre chose à faire que de se parer, de se parfumer, de s'éventer, de s'asseoir en rond pour causer et prendre le café, de fumer : tout au plus exécutent-elles quelques petits ouvrages de broderie.

Ainsi privées de toute occupation et du reste fort ignorantes, elles cherchent à faire passer le temps par toutes sortes de distractions : ce sont des conversations, des récits à tour de rôle, des chants, un peu de musique; ajoutez de petites fêtes, petites soirées, petits repas; enfin les danses, qui ne ressemblent aucunement aux nôtres. Nullement vives ni animées, plutôt languissantes, dansées par une femme seule ou deux ensemble, elles consistent surtout en mouvements rythmés du corps et des bras, accompagnées des grattements de la mandoline ou des ronflements du tambourin. Quelqu'une des plus habiles musiciennes charmera les oreilles de l'assistance par un air de flûte, ou bien exécutera sur le *santour*, instrument à nombreuses cordes d'acier tendues, sorte de cythare que l'on fait résonner par le choc de deux petites baguettes, de vives *batteries* et des airs sautillants. Les autres, assises sur des divans ou des coussins, écoutent, applaudissent, tout en fumant leur léger tabac turc dans des *narguilés* pourvu de longs tuyaux flexibles. — Puis ou appelle les négresses, qui font circuler de petites tasses de café, des pâtisseries, des sucreries friandes, des limonades et des sirops à la glace.

Autrefois, les dames de haut rang ne sortaient jamais de leur appartement. Aujourd'hui, grâce à l'influence européenne, les femmes turques et persanes, toujours désœuvrées, jouissent d'un peu plus de liberté; elles sortent assez souvent, voilées, entourées de leurs servantes, ou portées en chaise fermée; en certains pays même elles vont au *bazar*, elles se font réciproquement des visites et se donnent de petites soirées intimes, des dîners : tout cela entre femmes, car les hommes n'y sont jamais admis.

Le grand divertissement consiste dans les *visites à surprises*, où des dames, secrètement conjurées entre elles d'avance, tombent à l'improviste chez quelqu'une de leurs amies, ou même parfois chez une inconnue, s'y installent, forçant la maîtresse de la maison de leur improviser une réception joyeuse, avec musique, danses, repas et rieuses conversations.

LES PASSE-TEMPS DU HAREM.

AFRIQUE

L'ÉGYPTE

Le pays des vieux Pharaons, de ces antiques Égyptiens qui furent les premiers peuples civilisés du monde, qui inventèrent l'écriture, qui eurent des arts, élevèrent des monuments merveilleux dont les ruines subsistent, encore belles après dix mille ans, — cette bonne et féconde terre du Nil a été tant de fois envahie et conquise, par les Grecs, les Romains, les Arabes, les Turcs, que la population y est mêlée de toutes les origines.

On distingue, parmi ce mélange : les *Coptes*, descendants des anciens Égyptiens, dont ils ont conservé les traits et même, pendant longtemps, la langue; les *Bédouins*, qui vivent nomades, sous les tentes, trafiquants ou pasteurs : ceux-ci sont les vrais Arabes. Il reste encore quelques milliers d'Européens dans les grandes villes. Mais la masse de la population, n'importe d'où elle vienne, est formée des paysans, hommes de la terre, qu'on appelle les *fellahs*. Dans le pays le plus fertile qu'on puisse imaginer, où le grain lève sans labour et porte en deux mois des épis, ces malheureux paysans sont pauvres et dénués. Pourquoi? C'est qu'ils ont toujours été opprimés, ruinés, *mangés* par leurs maîtres, Arabes et Turcs : ils sont encore de véritables *serfs*, comme nos paysans du moyen âge. Ce sont pourtant des êtres doux, paisibles, très sobres, contents de peu, laborieux; on a fait d'eux ce qu'on a voulu, on les a faits *musulmans*, on leur a fait parler la langue arabe. Ils auraient pu s'en aller, peut-être; ils sont restés, attachés par leur amour pour cette terre qui les nourrit. Leur grand travail est de creuser des rigoles d'arrosement, de curer les canaux, de faire, selon le besoin, arriver ou écouler les eaux. — A l'automne, quand le Nil débordé se retire peu à peu, laissant sur le sol une couche de fin limon, le fellah gratte un peu la terre avec une petite charrue de bois, sème le blé. Huit jours après, l'Égypte est une mer d'herbe; puis c'est une mer d'épis dorés, — quand chez nous les champs sont couverts de neige, car la belle saison, en Égypte, c'est l'hiver. On se hâte de faire la récolte; et le sol reste nu, calciné, sous un

Femme et enfants fellahs.

UNE RUE DU CAIRE DANS LE QUARTIER ARABE

ardent soleil; la campagne est devenue un désert. Mais bientôt elle est changée en un lac; le Nil lentement grossit, déborde, se répand sur les terres; les laboureurs quittent le bas pays et se réfugient avec leurs troupeaux, leurs ânes, leurs outils de labour, dans de petits villages de cabanes bâtis sur des lieux élevés que l'inondation n'atteint pas; tout l'été la large vallée du Nil est ensevelie sous les eaux. — Telle est la vie du fellah.

Sa nourriture est la bouillie de froment, les galettes, le pain grossier; son costume, une tunique longue pour les hommes, pour les femmes une robe flottante à grands plis, de couleur bleue. Ils vont pieds nus; les femmes se couvrent la tête d'une sorte de voile, les hommes s'abritent contre l'ardeur du jour avec un chapeau de paille tressée. La maison est une hutte de limon durci au soleil, couverte de roseaux, nue au dedans, à peu près sans meubles. Les femmes font le ménage, portent l'eau, filent; les enfants écartent les oiseaux des champs nouvellement ensemencés ou couverts d'épis mûrs.

Sous l'influence des Européens, les mœurs arabes et turques se transforment et s'assouplissent : la capitale moderne de l'Égypte a ses quartiers neufs où l'on pourrait se croire dans nos villes méridionales, tandis que les vieux quartiers conservent leurs vieilles rues pittoresques, leurs curieuses maisons d'architecture arabe. Au Caire, comme dans toutes les grandes villes du Delta, la population, formée surtout de marchands, est bigarrée de toutes les races: Européens de toute provenance, Anglais, Français, Grecs, Italiens; puis des Turcs, des Arabes, des Juifs, des Berbères, des fellahs de la campagne environnante venus au marché, des Abyssins, des nègres; et comme chacun porte son costume, un tel mélange, dans les rues, sur les places, dans les *bazars*, offre le coup d'œil le plus chatoyant et le plus joyeux pour l'œil.

ALGÉRIE ET TUNISIE

Le beau pays d'Algérie, comme la Tunisie qui n'en est que le prolongement, bande de terrain montagneux, verdoyant, fertile, entre la côte et le désert, avec sa mer, qui est la Méditerranée, avec son climat, avec ses arbres, ses plantes, ses fleurs qui sont les nôtres, avec ses blés, ses vignes, ses figuiers, ses cultures, avec ses villes neuves bâties à la façon européenne, rappelle bien mieux l'Europe et surtout notre Midi, les côtes de l'Italie ou plutôt de l'Espagne, que la noire et massive Afrique. Mais voilà que les palmiers dattiers, les bambous, les chameaux, les Arabes en burnous blancs qui se promènent d'un air digne, au loin dans la campagne quelque campement de tentes kabyles nous rappellent que nous avons passé l'eau bleue. — Quand les Français, exaspérés par la piraterie des Algériens, se sont emparés de la contrée, elle était habitée par deux races d'hommes très différentes : les *Arabes*, les conquérants, et les *Berbères*, aussi appelés *Kabyles*, qui étaient les plus nombreux. Ceux-ci étaient en même temps les plus anciens habitants du pays, qu'ils cultivaient depuis des siècles quand les Arabes arrivèrent de

Type arabe. — L'émir Abd-el-Kader.

l'Orient, ravagèrent la terre, s'y établirent, soumirent les Kabyles et leur apprirent de force la langue arabe et la religion de l'*islam*.

Les Arabes occupent surtout les plaines, les villes, les rivages ; beaucoup vivent sous des tentes ; les Berbères ont encore l'intérieur, les montagnes ; ils habitent des hameaux, des chaumières bâties de pierres ou de briques, couvertes de chaume ou de tuiles, éparses sur les collines, parmi les rochers et les bois ; ils ont des prairies dans les vallées, des champs, des jardins, des vergers au penchant des coteaux, où croissent les orangers et les figuiers. Ce sont de vrais *paysans*, laborieux, aimant la terre et sachant lui faire produire de belles moissons, malgré le sol montagneux et sec. Ils sont industrieux ; les uns sont menuisiers, les autres selliers, forgerons ou armuriers, tisserands ou sabotiers. Les Berbères ont le teint brun, parfois noir, la tête forte, la face large ; front bombé, gros sourcils, nez gros et court, grande bouche et grosses lèvres; avec cela l'œil vif et la démarche ferme. Curieux, rieurs, parleurs, remuants, ils sont ignorants, mais désireux de s'instruire, superstitieux, mais peu fanatiques. Les hommes portent un costume assez semblable au costume arabe, mais plus rustique; ils vont d'ordinaire tête nue et pieds nus. Les femmes vont et viennent en pleine liberté dans leurs villages, le front découvert, vêtues d'une longue robe à manches larges et fendues, laissant voir les bras nus ; de petits bonnets avec une sorte de voile pendant par derrière protègent le cou et les épaules.

Les Arabes, eux, ont la physionomie plus noble et les traits plus beaux ; le teint mat, très brun, les cheveux noirs, la barbe longue, peu épaisse, le nez long et aquilin, les yeux noirs, enfoncés sous les sourcils, le front élevé et fuyant. Ils vont bien drapés dans leurs grands *burnous* blancs et leur longue tunique, la tête couverte d'une sorte de capuchon ou entortillée d'un turban : c'est à l'imitation de ce beau costume, un peu défiguré pour s'accommoder à la vie militaire, qu'est fait l'uniforme de nos *Turcos*. Haïssant le travail de la terre et tout travail, les vrais Arabes labourent peu, et seulement par nécessité. cultivent peu d'arbres ou de légumes; ils sont pasteurs ou commerçants. Ils sont faits pour la vie errante et la liberté farouche du désert. Ils ont l'imagination vive, le goût de la poésie; ils aiment les beaux chevaux, les belles armes, les riches vêtements. Fiers, défiants envers les étrangers, très superstitieux et très fanatiques, ils se montrent hospitaliers et généreux pour ceux de leur nation. On voit peu leurs femmes, presque toujours renfermées dans les pièces reculées de la maison, et voilées lorsqu'elles sortent.

CARAVANE AU DÉSERT

Nombreuses, autrefois, et riches étaient les caravanes qui, venant par l'Égypte, apportaient les épices de l'Orient, les pierres précieuses, les soyeuses étoffes persanes, les armes de Damas, et l'ivoire, et le café. Grossies de centaines et de milliers de *hadjis*, troupes dévotes de pèlerins musulmans se dirigeant vers la Mecque et bien éclaircies au retour, elles traversaient le désert par des routes non tracées, d'oasis en oasis, de puits en puits, campant sous les palmiers, à la chaleur du jour, ou le soir, au bord des flaques d'eau saumâtre et verte, dans le pli des dunes, près de quelque source à demi tarie, remplie de sable. Il fallait supporter mille dangers et mille souffrances, la fatigue du pas brisant des chameaux, l'atroce chaleur de l'air desséché, le rayonnement perpendiculaire du soleil implacable, quand les objets à midi n'ont pas d'ombre, le froid subit des nuits, la soif et les hallucinations du *mirage* qui doublent la soif; le *vent de feu* du Sahara, le terrible *simoun*, qui soulève les sables ardents, remplit la gorge et la poitrine de poussières étouffantes, obscurcit le jour et ensevelit sous ses trombes hommes et chameaux; braver les embûches des brigands du désert, à l'affût derrière les palmiers de l'oasis ou dans les éboulis de la dune. Aujourd'hui que des voies nouvelles moins pénibles et moins périlleuses ont été ouvertes de toutes parts, et par terre et par mer, les caravanes sont rares et petites. La troupe se forme, à l'ordinaire, de chameaux éprouvés aux longues traversées, de chameliers arabes ou berbères, et de voyageurs, marchands ou pèlerins. Après mainte cérémonie, elle part; elle s'allonge en file onduleuse, piétons, montures, bêtes de somme, à petite marche, par la plaine grise et nue, se dirigeant vers quelque objet lointain à peine perceptible. Le personnage le plus important est le guide: la vie de tous est entre ses mains. Un homme égaré est un homme mort; et la caravane elle-même, si elle perdait sa route, serait vouée à la soif, aux angoisses, peut-être à la totale destruction.

Mais voilà que l'étape prévue tire à sa fin; les palmiers de l'oasis se rapprochent, le sol se montre couvert d'herbe jaunâtre et de petites touffes rampantes. Le soleil s'est presque subitement couché; au court crépuscule va succéder la nuit transparente. Un petit vent passe, déjà frais. Le chamelier, fatigué, laisse ralentir le pas des montures, et, pour encourager leurs derniers efforts, leur chantonne des mélodies traînantes et monotones comme on en chante aux bœufs de labour. Puis on atteint les premiers bouquets, rares et grêles, des palmiers. On fait halte, non loin de la maigre source; les chameaux s'agenouillent, on les soulage du plus lourd de leur charge. — Les bêtes sont désaltérées; elles s'étendent par terre, le cou allongé sur les herbes filamenteuses; les voyageurs ont dévoré leur repas de dattes ou de riz. Un camp se dresse à la hâte; les bagages eux-mêmes servent d'abri; on dispose quelques toiles en forme de tente, car les nuits sont très froides, puis on se couche, on s'enveloppe de manteaux et l'on s'endort sous les étoiles, tandis que les guides et les veilleurs postés en sentinelles regardent au loin, écoutent dans le silence nocturne, parfois collant l'oreille contre terre, pour ouïr si l'on ne percevrait pas dans les sables le pas mol et rapide des chameaux de guerre des brigands *touaregs*....

FANTASIA AU MAROC

Au Maroc comme en Algérie, comme en Tunisie, comme partout où il y a des Arabes, la grande fête, le grand jeu, le jeu national est ce jeu guerrier que nous nommons *fantasia* : en arabe *lab el-baroda*, la fête de la poudre. Le mot, du reste, traduit bien la chose; ce n'est pas une revue réglée, une parade, un simple défilé, non plus un simulacre de combat entre deux partis, comme nos *tournois* du moyen âge; c'est, si vous voulez, un combat *idéal* contre un ennemi invisible. La joie, pour les acteurs comme pour les spectateurs, hommes, vieillards, femmes, enfants, c'est le mouvement, le bruit, la pétarade et l'odeur de la poudre, et surtout la vision intérieure et le poème de la guerre. Vêtus de leurs riches et nobles costumes, montés sur de magnifiques coursiers, les cavaliers évoluent, en un apparent désordre, tantôt par masses, tantôt par petits groupes, tantôt seuls à seuls. Ils lancent leurs chevaux à fond de train, faisant briller leurs poignards, avec le geste de pourfendre quelque fantôme qu'eux seuls aperçoivent, déchargeant leurs fusils et les rechargeant, toujours au galop, emportés, furibonds, effrayants, splendides, au milieu d'un nuage de poussière et de fumée, au fracas de la mousqueterie, dans l'éclair des sabres et des tubes bronzés reluisant au soleil; les burnous blancs flottent au vent, les *cafetans* rouges, jaunes, bleus, orangés, ondulent. La tête haute, les cheveux au vent, dressés sur leurs étriers et penchés en avant, ils passent comme un orage, poussant des cris furieux qui sont des menaces et des malédictions; ils jettent en l'air leur turban et le rattrapent, font le moulinet avec leurs fusils comme on ferait avec un bâton. A la rapidité de la course, au tournoiement des groupes, au galop des chevaux, aux cris des cavaliers, aux acclamations des spectateurs, au roulement des coups de feu, à l'âcre senteur du salpêtre, une sorte d'ivresse les prend, un vertige, une furie de guerre; plus d'un, au milieu de ces charges et de ces fuites simulées, *voit rouge* et flaire une odeur de sang.... Ils rêvent, cela se voit assez, ils rêvent tout éveillés la vraie bataille, la mêlée, le carnage, le triomphe; dans leur imagination, peut-être devant leurs yeux hallucinés, ils croient voir, ils voient l'incorporel ennemi, le bravent, l'injurient, l'assaillent en pensée, le taillent en pièces par le désir; ils frappent, ils tuent.... Et cet adversaire absent contre lequel leur haine s'exalte jusqu'à la rage, il n'est pas besoin de le dire, c'est l'*infidèle*, le *maudit, le chien de chrétien*, — en un mot, nous autres, mes chers amis.

FANTASIA.

NÈGRES AFRICAINS

L'Afrique est le *pays noir* : en ce sens du moins qu'à l'exception des parties voisines de la Méditerranée, ou, si vous voulez, à partir du tropique, toute l'étendue de ce vaste continent est habitée par des populations de couleur noire ou très foncée, plus ou moins sauvages, vulgairement confondues sous l'appellation commune de nègres. Cependant les races à peau sombre qui occupent les différentes régions de cet immense territoire et qui forment un grand nombre de peuplades de noms divers, presque toutes ennemies les unes des autres, sont très distinctes de nuance, de traits, de langage aussi et de mœurs. Faisant la part de ces différences, on peut dire que les vrais *nègres* sont des hommes de couleur noire ou presque noire, à peau lisse et comme luisante douée d'une odeur particulière et désagréable. Ils ont la tête petite à proportion du corps, le crâne étroit, le front fuyant, la face large, le nez large et aplati, la mâchoire saillante et les dents en avancée, de grosses vilaines lèvres noirâtres proéminentes et lippues. Leurs cheveux sont courts, crépus et laineux, de teinte noire mate et comme fumée ; certaines races ont une barbe courte et crépue aussi, d'autres en sont presque dépourvues. Ils ont la prunelle noire ; mais le blanc des yeux, tranchant sur la couleur sombre de la face, et aussi leurs dents blanches, lorsqu'ils rient, produisent un effet tout particulier, et leur donnent une physionomie qui ne rassure pas.... Tels sont à peu près les noirs du centre de l'Afrique, du Congo et du Zambèze, de la Guinée et du Gabon. Les populations indigènes du sud de l'Afrique appartiennent pour la plupart à une race qu'on désigne sous le nom de *Bantous*, très distincts des vrais nègres par la forme plus élégante du corps, et des teintes de peau différentes ; mais pour le reste, idées, mœurs, costumes, industries, ils ne sont pas au-dessus de leurs voisins à la peau d'ébène[1].

Là où ils ne se trouvent pas en rapport journalier avec les civilisés, les uns et les autres vivent en vrais sauvages. Les nègres sont pour la plupart forts, souples et agiles, mais paresseux, et ne travaillent que contraints par la nécessité. Ils cultivent un peu de millet, de maïs ; ils récoltent du riz, des bananes, des racines de manioc. Ils ont des troupeaux de bœufs et de vaches, de chèvres, de moutons. Ils chassent dans les forêts ; ceux qui habitent les rives des

1. Voir le dessin page 161.

fleuves et des lacs sont pêcheurs aussi, et possèdent des filets, des hameçons, des canots. Leurs armes sont de véritables armes de sauvages, *casse-têtes* de bois dur, arcs et flèches, piques à pointes d'os ou de pierre ; mais beaucoup de ces peuplades connaissent le fer et savent le forger plus ou moins grossièrement en pointe de lances, en couteaux, lui donnent la forme d'armes tranchantes, recourbées et dentelées, bizarres et d'aspect cruel. Beaucoup de ces peuplades en sont encore, pour allumer du feu, à ce procédé long et pénible qui consiste à faire tourner rapidement un bâton de bois dur dans un trou pratiqué en un morceau de bois mou et bien sec, jusqu'à ce que, par le frottement très

Nègres de race mêlée faisant du feu par le frottement.

vivement répété, celui-ci s'échauffe et roussisse, puis se charbonne, enfin s'allume : l'étincelle, animée par le souffle, est reçue sur de la mousse sèche.

Le pays, presque partout fertile, rend aux habitants la subsistance facile. Leur nourriture consiste en bouillies de maïs et de millet, riz, viande grillée, poisson, fruits divers et racines, laitage. Or, comme le climat est chaud, ils ont peu besoin d'abris durables ; leurs cases ou huttes, petites, ordinairement rondes, sont construites de branchages ou de terre battue, avec un toit léger de roseaux ou de feuillage en forme de cône, d'abat-jour. Et quant au vêtement, ils en ont aussi peu que possible ; tout au plus une pièce de toile grossière ou de peau velue attachée autour des reins. Par contre, les nègres voisins des établissements européens achètent nos étoffes, surtout les étoffes de couleurs vives et tranchées, brodées, bariolées, et s'en affublent de la manière la plus fantaisiste et la plus comique parfois. Très amateurs

RÉCEPTION DU VOYAGEUR ANGLAIS LIVINGSTONE CHEZ LES NÈGRES DU ZAMBÈZE.

de parure, ils portent des colliers de dents ou de fruits enfilés, des plaques d'ivoire, des anneaux de fer, se peignent la peau de diverses couleurs; ils sont passionnés pour les *verroteries*, les perles grossières de verre, de couleur rouge ou bleue. Chez certaines tribus on porte des bracelets de fer, aux bras et aux jambes, comme des anneaux; et puis, chose bien plus gracieuse encore, un petit bâtonnet de roseau ou un disque d'ivoire passé par un trou de la lèvre et destiné à réparer le mieux possible le tort de la nature, qui a oublié de donner aux hommes des défenses d'éléphant.... Cela s'appelle *botoque* ou *pélélé*[1]. Un *tatouage* sur tout le corps, figurant toutes sortes de lignes et de dessins, est d'autant mieux venu que rien ne le cache; les cheveux noirs, laineux, ébouriffés ou tressés à petites nattes complètent l'ornementation de la personne. Tous raffolent de la danse et s'y démènent comme des singes; ils adorent la musique, — leur musique, qui est un effroyable tintamarre de toutes sortes d'instruments bizarres, bruyants et discordants. — Leur religion consiste en l'adoration de certains *fétiches*, objets sacrés, arbres, serpents, accompagnés de cérémonies singulières; ils croient à des esprits méchants qu'il faut conjurer, ont des *sorciers* auxquels ils demandent la pluie et le beau temps, la guérison, et s'imaginent que toutes les maladies sont l'effet de maléfices.

Les nègres vont à la chasse aux éléphants pour avoir de l'ivoire et à la chasse aux hommes pour avoir des esclaves. — La moitié de la population nègre est esclave de l'autre moitié; et ces maîtres noirs, comme aussi leurs rois de peuplades, affreux petits tyrans brutaux, capricieux et sanguinaires, les oppriment et les maltraitent autant et plus que jamais un maître blanc n'a pu faire. La guerre, les massacres, le pillage, la traîtrise et les ruses perfides sont choses fort en honneur dans l'Afrique sauvage; des coutumes cruelles et des superstitions absurdes et sanglantes y existent presque partout; et de nombreuses tribus en sont encore aujourd'hui à l'*anthropophagie*.

COUTUMES DAHOMIENNES

Les expéditions françaises et anglaises à la côte de Guinée ont rendu célèbres les noms des Achantis et des Dahomiens, riverains de cette côte africaine qu'on appelle encore *côte des Esclaves* en raison de la *traite des noirs*, l'affreux commerce qui s'y faisait jadis ouvertement, et s'y fait encore quelque

1. Voir le dessin page 182.

peu, mais en cachette. C'est là, mes amis, qu'il faut aller pour avoir une idée de ce dont sont capables nos *bons nègres*, quand on les laisse un peu

Temple des Serpents, au Dahomey.

tout seuls. — Ces populations, sauvages et misérables, sont absolument à la merci de leurs *rois*, exécrables tyranneaux d'une cruauté inouïe, massacreurs, chasseurs et marchands d'esclaves; et les sujets ne valent guère mieux. *Achantis* et *Dahomiens* sont des pillards incorrigibles.

Au *Dahomey*, *Coutume*, c'est-à-dire *fête*, est synonyme d'égorgement. La fête consiste à trancher la tête de malheureux prisonniers des tribus voisines, et à recevoir le sang dans un grand bassin de cuivre.... Il se passe rarement un jour sans tête coupée; quand on égorge une douzaine, une vingtaine d'hommes et de femmes, en face du peuple assemblé, la fête est belle; à la *Grande Coutume* annuelle, il en faut au moins une centaine. Mais quand le roi meurt et que son fils ou tel autre lui succède, alors, tant pour les funérailles que pour le sacre, c'est par milliers et milliers qu'on sacrifie des hommes, pour les envoyer tenir compagnie, dans l'autre monde, au roi défunt, et lui annoncer la gloire de son héritier. Pour se procurer des prisonniers à égorger et des esclaves à vendre, ces roitelets ont des armées assez nombreuses de guerriers et de guerrières: ces dernières, qu'on a appelées les *Amazones*, en souvenir des femmes guerrières de l'antiquité, sont au nombre de plusieurs mille, horriblement cruelles et furieuses de massacre. Les cabanes des rois, des chefs, ont pour ornements des têtes coupées et des guirlandes de crânes.... — Les nègres guinéens sont extraordinairement superstitieux; ils ont une confiance sans bornes dans leurs prêtres ou sorciers *féticheurs*; les principaux objets de leur culte sont encore les singes et les serpents, auxquels sont consacrés des temples et des huttes sacrées.

CONCOURS DE LAIDEUR

Après avoir mûrement examiné la chose, comparé la face abrutie de l'Esquimau Grœnlandais au museau poilu de l'Australien, au mufle lippu du nègre de Guinée, les savants ont été d'avis que la palme de la laideur doit être décernée aux *Bochimans* (ou *Bushmen*), sauvages africains du sud, souvent confondus, sous le nom plus connu de *Hottentots*, avec les peuplades voisines, qui sont un mélange de Bochimans et de noirs d'une autre origine. Et pour justifier leur dire, ils nous ont transmis le portrait suivant, accompagné d'irrécusables photographies: « Race de petite taille (1 m. 40), corps lourd, épais, mal proportionné; peau d'un brun jaunâtre, grisâtre, sale, couleur de *café mal grillé*; chevelure crépue, noire et courte, tortillée en petites touffes buissonneuses; les yeux petits, très écartés l'un de l'autre, très bridés et mal ouverts, à peine visibles; énormes oreilles; bouche béante, grosses lèvres retroussées, taillées comme à coups de sabre; traits du visage toujours en mouvement, grimaçants comme ceux des singes. Les femmes sont encore plus laides que les hommes; leur épine dorsale est fléchie en S. Une femme de race bochimane, morte à Paris il y a une quarantaine d'années, habilement *embaumée*... — comme on ferait d'un oiseau rare, — a été conservée au musée du Jardin des Plantes; et ce spécimen de ce que la forme humaine peut résumer de laideur est célèbre sous le nom de *Vénus Hottentote*.... — Ajoutons que ces pauvres gens sont si peu intelligents qu'ils ne peuvent compter au delà de deux, si peu industrieux qu'ils ne savent même pas se construire des abris et vivent épars dans des cavernes ou sous des buissons, non pas même par familles, mais par groupes indistinctement mêlés. Mangeant tout ce qu'ils trouvent et souvent ne mangeant guère, errant tout nus sous le soleil et la pluie, ou tout au plus roulant une peau de bête autour de leurs reins, ils s'enduisent le corps, pour se préserver de la piqûre des moustiques, d'un affreux mélange de suif et d'argile agrémenté de suie, qui les rend hideux à la vue et repoussants à l'odorat. Si misérables qu'ils soient et abaissés au dernier degré de la sauvagerie, ils ne sont nullement féroces ni perfides. Ils ne sont point anthropophages; au contraire, ce sont eux qui servent de gibier à leurs voisins les Zoulous (Cafres), bien plus intelligents et mieux bâtis, grands et forts, renommés amateurs de chair humaine. — Le prix de laideur étant accordé à nos Bochimans, l'accessit revient de droit à leurs cousins les *Hottentots*.

Autruche artificielle.

Les Bochimans, qui ont pour armes des arcs et des flèches empoisonnées, se servent pour chasser les autruches, dont ils mangent la chair et échangent les plumes, d'un singulier stratagème : ils se *déguisent en autruches*, au moyen de peaux et de plumes empruntés à ces animaux.... Ainsi accoutrés, ils s'approchent des troupes errantes de ces oiseaux, qui, fort défiants cependant, croyant voir leurs pareils, ne prennent pas la fuite et restent exposés aux traits de leurs ennemis emplumés.

LES EXPLORATEURS DE L'AFRIQUE

Naguère encore tout l'intérieur de l'Afrique était inconnu; les cartes y laissaient de grands espaces tout blancs. C'est depuis un demi-siècle surtout que ces *pays mystérieux* ont tenté les explorateurs, qui, à travers mille dangers de la faim, de la soif, des bêtes féroces, des hommes, plus à craindre que les bêtes, ont *reconnu* de vastes étendues de terres et même traversé le continent de part en part. Il n'est pas permis d'ignorer les noms des principaux découvreurs contemporains : Livingstone, Cameron, Stanley, Barker, Speke, Schweinfurth, Serpa Pinto, qui ont ouvert aux Européens ces immensités jadis impénétrables. Les plus grands obstacles, les plus grands dangers viennent, disais-je, des peuplades sauvages qui occupent toutes ces contrées. Quelques-unes, il est vrai, se sont montrées accommodantes, pacifiques et bienveillantes pour les étrangers; mais d'autres, dès l'abord, hostiles, ou pis encore, horriblement perfides. Tantôt on vous reçoit en grande pompe, au bruit affreusement discordant des tambours et autres instruments de vacarme, et tantôt c'est à coups de flèches et de *zagaies*; le caprice des petits despotes noirs est pour beaucoup dans la réception faite à l'étranger. C'est avec des cadeaux, bandes d'étoffes, fil de cuivre, perles de verre, etc., qu'on se concilie la bienveillance de ces roitelets tout nus, ridiculement vaniteux, lesquels vous donneront en échange des vivres et des moyens de transport.

Quand le fameux voyageur Livingstone arriva sur les bords du fleuve Zambèze, non loin du lac Nyassa, le roi de la tribu lui fit une réception amicale, et les noirs se prosternèrent à ses pieds jusqu'à terre, lui offrirent des cadeaux.... — Quelques années après, lorsque l'explorateur américain Stanley fut aperçu naviguant dans ses barques avec son escorte sur le Congo, les nègres de la tribu des *Assamas*, du plus loin qu'ils le virent, faisant résonner leurs tambours de guerre et leurs déchirantes trompettes, saisissant leurs armes, s'élancèrent dans leurs bateaux en poussant des cris de joie délirante, qui traduits en langue humaine signifiaient : *de la viande! de la viande!* Mais la viande blanche, quoique en petite quantité, n'était pas décidée à se laisser manger; et sur l'heure la supériorité de la civilisation sur la barbarie et du fusil à longue portée sur la lance de bambou fut victorieusement démontrée aux trop empressés amateurs de côtelettes anglo-américaines....

RÉCEPTION D'OFFICIERS FRANÇAIS PAR UN ROITELET AFRICAIN.

JUSTICE MALGACHE

La grande île africaine de Madagascar est occupée par deux races différentes et ennemies. Les plus anciens habitants, les *Sakalaves*, sont tout simplement des nègres africains, au teint de café brûlé, aux grosses lèvres, aux cheveux crépus en broussaille énorme, qu'ils tressent parfois en petites

Femmes malgaches pilant du riz.

nattes ; les nouveaux venus, les conquérants, les maîtres du pays, les *Hovas*, sont Malais d'origine ; et si ces derniers sont plus intelligents et plus disposés que les autres à prendre l'*apparence de la civilisation*, ils ne valent pas mieux pour cela, tout au contraire : ils oppriment la race vaincue, eux-mêmes opprimés par leurs rois et reines, qui sont de violents petits despotes. Sous l'influence des Européens, depuis quelques années, les choses, il est vrai, se sont beaucoup améliorées. — Les Malgaches demi-sauvages ont pour costume le *simbou*, simple pièce de toile roulée autour du corps ; ceux qui ont le plus ressenti l'influence des civilisés s'affublent diversement d'étoffes de provenance européenne à grands dessins. Ils sont agriculteurs et éleveurs de bétail ; leur nourriture principale est le riz.

Le trait le plus curieux des mœurs qui commencent heureusement à disparaître, c'était la manière de rendre la justice, ou plutôt de se débarrasser des justiciables, — par le *poison d'épreuve*. Quand un homme est accusé, amené devant le juge ou, si vous préférez, le bourreau, une espèce de prêtre-sorcier, on lui fait avaler, sur trois petites parcelles de peau, certaine poudre, poison violent provenant du fruit de l'arbre qu'on nomme le *tanguin*. Si le pauvre diable vomit non seulement le poison, mais les trois petites peaux intactes, il est déclaré innocent ; sinon il est tenu pour coupable, et, déjà empoisonné, on l'achève cruellement. Personne ne résisterait à un pareil traitement : mais les parents de l'accusé ont soin de lui faire prendre un vomitif, ce qui réussit quelquefois ! — Si une telle coutume, aussi odieuse que ridicule, à bon droit vous surprend et vous indigne,... songez, mes chers lecteurs, que chez nous-mêmes, hélas, il n'y a pas déjà tant de siècles, les *épreuves juridiques*, les jugements par l'*eau bouillante*, par le *fer rouge*, etc., non moins absurdes et tout aussi atroces, étaient en grand honneur et courante pratique....

AMÉRIQUE

YANKEES

Yankee : ce petit nom de l'Américain des États-Unis n'est pas autre chose que le mot *English*, Anglais, défiguré à la façon sauvage par les Indiens de la terre conquise. — Le Peau-Rouge a bien vu; malgré le mélange, malgré l'ancien fond de Français et l'émigration continue et envahissante des Allemands, en somme la population de l'Union est anglaise, anglaise de race, de tempérament, d'idées, de mœurs. Seulement l'Américain est *un Anglais qui a pris l'air*, — le grand air des vastes savanes. Et alors certaine odeur de renfermé qui reste à l'insulaire clos dans son île s'est évaporée au vent du désert.... Je veux dire que certaines vieilles idées du vieux temps, conservées chez l'Anglais de la vieille Angleterre, préjugés d'aristocratie, affectation de royalisme, respect de lois surannées, soumission à des coutumes qui ne sont plus de notre temps, tout cela qui embarrasse encore l'Européen, sur une nouvelle terre n'avait plus de raison d'être, ni même de prétexte ; l'Américain s'en est trouvé tout à coup débarrassé. Sur la libre prairie et dans les forêts vierges, où chacun a dû travailler pour son propre compte, il a pris le goût de la liberté illimitée et de l'*individualisme*; et ce goût lui est resté au milieu de la civilisation matériellement la plus avancée qui soit au monde.

Au fond, donc, le *Yankee* est anglais : ce qui veut dire homme d'affaires. Et il a les qualités de l'homme d'affaires ; il est actif, laborieux, entreprenant plus que quiconque, imaginatif à sa façon, hardi et même aventureux, cependant ponctuel, réfléchi ; inventif, — il l'a bien prouvé ! — industrieux et industriel. Comme il prise par-dessus tout le travail productif et le savoir pratique, l'habileté, il a en grande estime l'argent, qu'il considère

La Maison-Blanche (White-Hall), résidence du Président des États-Unis.

comme produit du travail et moyen de produire encore, comme mesure de l'utilité satisfaite et de l'habileté déployée. Mais cette estime, il est vrai, est poussée à l'excès ; cette adoration du *dollar*, cette aspiration vers la richesse, adorée quasi comme unique but de la vie, donne à l'existence une sécheresse et au caractère, même le plus honnête, une certaine âpreté. Une large indépendance, et de très bonne heure ; mais la responsabilité aussi. Les enfants, à peine adolescents, quittent la maison, entrent dans les affaires, s'en vont, vivent à part ; la famille se disperse, se perd dans la foule humaine.... Chacun se tire d'affaire. — Mais le bonheur intime et le charme du foyer, que deviennent-ils ? Or c'est pourtant cela qui est *la vie* !

La liberté politique est très grande, en Amérique, et non moindre l'égalité. Tout le monde sait que les plus grands hommes d'État américains ont été des ouvriers parvenus par leur mérite, et personne ne songe à s'en étonner ; le célèbre président de l'Union, Lincoln, avait été bûcheron. Les affaires publiques se traitent avec la plus grande simplicité : point de titres ronflants, de parade ; point de palais, ni de valetaille dorée, ni de gardes du corps, ni d'étiquette. Le Président des États-Unis habite une simple maison, qu'on appelle la *Maison-Blanche*, plus modeste que celle de tel banquier voisin.

Avec ces qualités et ces défauts, avec ce tempérament et ces idées, l'Américain n'est point artiste : — on ne peut pas tout avoir ! (Je parle de la masse.) Les grands hommes, chez eux, sont les inventeurs, les hommes d'action, non pas les poètes et les hommes d'imagination. Les villes, toutes neuves, sont propres, régulières comme des damiers, saines, commodes, — mais monotones d'aspect. Ce n'est pas qu'il y manque de vastes et riches édifices, mais le style fait défaut. Leurs plus remarquables constructions sont plutôt des œuvres de science que d'art : des ponts de fer, des bassins ; ils ont plutôt le goût du grand, du puissant et du gigantesque, que celui du beau. Il y a en Amérique beaucoup de journaux et de livres, et très peu de littérature ; il n'y a point de grande école de peinture ni de sculpture, ni de grandes œuvres musicales. C'est le seul peuple au monde qui ait imaginé de mettre un impôt sur le talent, et de faire payer en douane des *droits* sur des objets d'art, tableaux ou statues. — Par contre, il faut leur reconnaître, comme aux Anglais aussi, le sentiment des beautés naturelles et des sites pittoresques ; ils sont passionnés voyageurs, enthousiastes et hardis explorateurs, intrépides marins. L'instruction est en grand honneur en Amérique, la liberté de penser entière. Les sectes religieuses y sont très nombreuses, et, à l'exception d'une seule (les Mormons), savent vivre en paix les unes avec les autres ; chacun va à son église, et laisse son voisin aller à l'église d'en face.... Excellente leçon de tolérance, dont notre vieux monde ferait bien de profiter.

LES FRANÇAIS AU CANADA

« *Aca, nada !* » — « Ici, rien ! » avaient dit les découvreurs espagnols qui ne cherchaient que de l'or. Et ces mots, inscrits sur leur carte, donneraient, *dit-on*, l'étymologie du nom qui est resté au pays. — De courageux colons français s'y établirent au XVIe et au XVIIe siècle, dans ce pays dédaigné, s'y multiplièrent, et, quoique l'Angleterre se soit plus tard emparée du sol, elle n'a pu conquérir les habitants, qui sont restés Français de cœur, Français de langue, de mœurs, de costume. Et voilà comment il se fait qu'aujourd'hui, sur les bords du Saint-Laurent, au beau milieu de cette région qu'on indique, sur la carte, par le nom d'Amérique Anglaise, il existe une petite France de deux millions d'habitants, fermement et obstinément attachés à la grande, et qui l'a prouvé en 1870.

Cette France transatlantique a pour capitale Québec; la jeune ville est Montréal, la ville manufacturière Ottawa. C'est pour nos pauvres compatriotes, qui, chaque année encore, émigrent vers ces régions, une émotion bien douce que d'entendre résonner, sur l'autre rivage de l'océan, la langue du pays, de rencontrer des lieux qui portent des noms familiers, de retrouver là-bas une colline de Montmorency, un bourg de Montmagny, un village d'Argenteuil.... — Il me souvient d'avoir causé avec un vieillard qui avait quitté la France à l'âge de dix ans, et depuis vivait parmi des étrangers ; il n'avait point oublié sa langue maternelle, mais il la parlait, ce vieux à barbe blanche, comme on parle à dix ans, avec des mots, des tours de phrases et je ne sais quel accent d'enfance. Cette chose curieuse et infiniment touchante est justement celle que nous offre la petite France d'outre-mer. Le français canadien n'est pas absolument notre français contemporain, c'est celui des premiers temps de la colonisation, du temps de Louis XIV: langue fort belle, du reste, et très pure. Ce parler s'entend partout, mêlé au susurrement de l'anglais. Il y a des écoles françaises, des journaux français, des théâtres français ; on plaide ou déclame, on chante, on prêche, on discute en français. La colonie gauloise vit en paix, aujourd'hui, avec le saxon conquérant ; mais on fait société à part, les mœurs sont trop différentes : l'Anglais, comme partout, sec et serré, froid, s'ennuyant en conscience ; le Français ouvert, expansif, un peu enfant et bon enfant. Les Anglais ont leurs qualités aussi : ils l'emportent par l'activité, le sens pratique, l'aptitude aux affaires; mais tout ce qui a le goût des lettres et des arts, de la conversation, de l'élégance, est français.

CÉRÉMONIES MORMONNES

Qu'ils appellent leur pays *Chanaan*, leur ville *Sion*, leur lac salé *mer Morte* et leur rivière *Jourdain*, s'intitulent eux-mêmes les *saints des derniers jours*, s'accordant le plaisir de traiter de *gentils* tous ceux qui ne sont pas de leur secte, c'est une innocente fantaisie qu'on pouvait bien passer aux Mormons. — Mais il y avait aussi autre chose; et les nouveaux sectaires entendaient se soustraire aux tribunaux du pays et aux lois de l'État. Poursuivis, ils émigrèrent vers les régions encore sauvages de l'Ouest, au pays perdu de l'*Utah*, où ils fondèrent, au bord du *lac Salé*, sur un sol âpre et désert, une colonie qui alla s'étendant et une ville, la *Grande Cité du lac Salé*, qu'ils nommèrent *Nouvelle-Sion*, ville aujourd'hui riche et prospère, mère de plusieurs autres villes (1845). Là, sous le gouvernement despotiquement paternel du *patriarche* Brigham Young, le célèbre *pape des Mormons*, ex-vitrier et

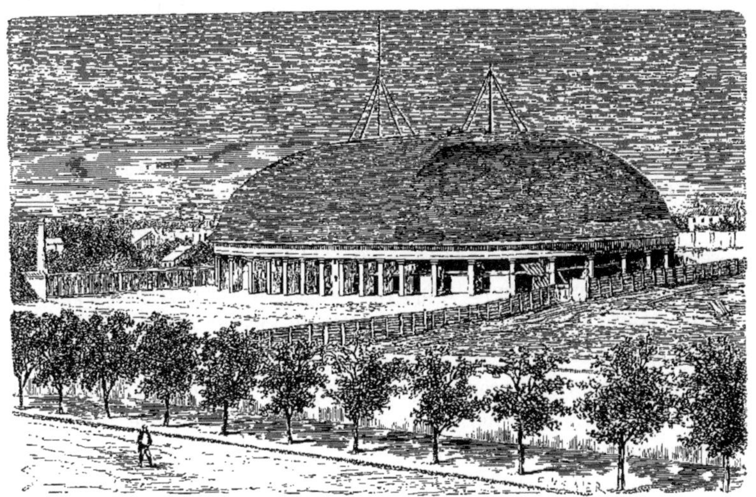

Le temple des Mormons à Great-City.

richissime banquier, ils bâtirent une église, énorme bloc d'une architecture absolument primitive et massive, qu'ils se donnèrent la satisfaction d'appeler *tabernacle*, une riche résidence pour leur chef spirituel, et se mirent à vivre, avec beaucoup d'ordre, du moins extérieur, sous leurs étranges institutions. — On se racontait, à voix basse, des choses effrayantes sur les sacrements de la nouvelle église et les épouvantables serments par lesquels se liaient les adeptes.... Or voilà qu'un certain ministre mormon, ayant renié sa secte, a livré le secret terrible de ces réceptions, et a décrit avec indignation « les mystères d'iniquité » de l'initiation qu'il a lui-même subie, et qui est bien en effet la plus atroce mystification dont un homme puisse être l'objet. En un certain édifice sacré, dit la *maison de révélation*, le néophyte, vêtu par-dessus ses habits d'une chemise blanche, mystérieusement introduit dans une salle où sont réunis les prêtres de la secte et les évêques coiffés de hautes mitres, reçoit d'abord le *baptême*, qui consiste en un bain tiède dans une baignoire de zinc, au sortir de laquelle, purifié de tous ses péchés et ayant reçu un nouveau nom, agenouillé devant une sorte d'autel où est posé un livre ouvert, il est enduit au front et aux mains d'une huile parfumée. Alors on lui passe une grande robe ou plutôt une vaste chemise de nuit; puis on achève de le revêtir d'un déguisement sacré, assez ridicule, rappelant vaguement le costume oriental. Cela fait, les initiés nouvellement reçus sont rendus spectateurs d'une sorte de drame plus ou moins analogue aux mystères du moyen âge; ce n'est rien moins que la représentation de la *création du monde*, avec Dieu le Père, Adam et Ève, saint Michel, — et le diable! Puis viennent des exhortations, des *révélations* « de signes sacrés » et de « mots de passe » des formules de malédiction contre ceux qui renieraient la *Nouvelle Loi*. — Une grande toile, tendue en travers de la salle, est censée représenter le *voile* qui cache aux infidèles les vérités divines révélées aux seuls initiés; les nouveaux sectaires déchirent cette toile, passent par-dessus les lambeaux tombés à terre et s'avancent dans l'autre partie de la pièce; les voilà désormais entrés dans le *royaume celeste*, et dans la grande lumière spirituelle. La cérémonie finit par des *prières muettes*, accompagnées de gestes bizarres qu'exécutent tous ensemble les néophytes rangés en cercle. Il y en a pour très longtemps. Après quoi l'on est *saint*, prêtre du sacerdoce éternel, fils de la Vie, délégué du très Haut, etc., etc.

Quand les premiers émigrants, encore dans toute leur ferveur de néophytes, s'établirent à la Grande Cité, ils accomplissaient avec un zèle inouï toutes les prescriptions de leur bizarre secte, et, par ailleurs, menaient une vie rangée et pauvre de colons laborieux. Un grand nombre remettaient tout leur avoir entre les mains des *évêques* et des *patriarches*, ou vivaient dans une sorte de communisme religieux. Mais l'agrandissement de la colonie, la richesse acquise, surtout le chemin de fer et le commerce, les relations avec les *gentils*, et le mélange des diverses populations, ont déjà bien changé les choses. Le luxe s'est introduit chez les riches; les *dames* veulent suivre la mode, comme les *étrangères*, recevoir des visites, donner des dîners, des bals; les hommes veulent habiter de jolies villas. L'ancien enthousiasme se refroidit beaucoup, les idées changent, et de plus en plus les *Saints des derniers jours* se rapprochent du reste des populations américaines. Dans un temps peu éloigné sans doute, les Mormons ne formeront plus qu'une secte comme une autre, différant seulement par quelques croyances et quelques cérémonies.

INITIATION MORMONNE.

AU MEXIQUE

Le Mexicain civilisé qui parle espagnol est d'ordinaire un homme de taille moyenne, de teint variable, entre le brun et le jaunâtre, cheveux noirs, lisses, œil noir, nez droit, bouche grande; de physionomie douce et paisible, même timide, poli, affable, quasi obséquieux de paroles et de manières.

Les Mexicains sont, pour la plupart, superstitieux à l'excès et fanatiques. Tous ont une passion singulière pour les fêtes religieuses, qui sont il est vrai leurs seules fêtes, pour les pompes du culte, le luxe des églises, les pèlerinages et les processions pittoresques où la foule mouvante et brillamment parée forme un spectacle très curieux et très animé, où les images de saints et de saintes, portées en grande cérémonie, sont richement ornées, surchargées de chatoyantes étoffes, de bijoux, de perles, de guirlandes!... Orthodoxe intention, certainement; mais comme le goût le plus pur et le plus sévère n'a pas présidé, loin de là, à ces manifestations d'une foi naïve et enthousiaste,... le spectateur européen, habitué à voir la pensée religieuse traduite dans des formes d'art respectueusement sérieuses et même austères, a peine, quel que soit son bon vouloir, à garder son sang-froid, par exemple, devant une *Madone* habillée à la dernière mode d'il y a cinquante ans, avec des robes de soie et des jupons de gaze, avec mantille, écharpe, brodequins, avec bracelets et pendants d'oreilles!... « Passe encore pour la Vierge,... s'écrie un voyageur — (moi, je le trouve bien indulgent!) — mais figurez-vous Jésus-Christ habillé d'une robe de poupée en satin blanc, à volants et manches à gigots, avec une couronne de fleurs artificielles sur la tête, un bouquet semblable dans une main, et dans l'autre, un *mouchoir de poche brodé!* » — La cathédrale, attifée de draperies et de guirlandes, a souvent pour orgue... un orgue de Barbarie; et l'érudit auteur du précédent croquis raconte que, dans une église de Merida (Yucatan), à la cérémonie sombre et lugubre de la Passion, au moment le plus solennel, tout à coup à ses oreilles stupéfaites éclata sous l'impitoyable manivelle un air de danse on ne peut plus profane et déplacé pour la circonstance, véritable air forain à faire tourner les *chevaux de bois!* Malheur à notre homme s'il n'eût renfoncé à grand effort le rire qui l'étranglait : les bonnes âmes de l'endroit, qui n'entendaient point raillerie, l'eussent, bien sûr, écharpé!

Une mode curieuse, répandue dans les contrées chaudes de l'Amérique centrale et équatoriale et qui mérite d'être observée en passant, est celle des jeunes femmes créoles ou indiennes, qui se font une brillante et singulière parure avec des insectes vivants, lumineux comme les *vers luisants* de nos buissons, mais bien davantage. Ces *lampyres*, appelés *coucouyos* à la Nouvelle-Guinée, où ils sont très communs, jettent des lueurs claires et douces, changeantes, tantôt verdâtres, tantôt rosées. Les femmes, pour les fêtes du soir, enferment ces jolies petites lampes animées dans des replis de tulle et de dentelles; avec ces joyaux naturels, elles se font des diadèmes et des colliers qui étincellent de feux infiniment plus vifs que les plus beaux et les plus riches

Bijoux vivants.

diamants, et offrent un aspect vraiment féerique. Une jeune et jolie créole, gracieusement coiffée de la mantille espagnole, avec sa couronne de flammes vivantes, dont les reflets se jouent sur son front, semble une mystérieuse *Reine de la nuit* de quelque opéra fantastique. — Les simples négresses ne dédaignent point de placer quelques *coucouyos* dans leur chevelure touffue. — Mais de tels bijoux sont choses frêles et délicates; il faut prendre beaucoup de soins de ces jolis insectes pour les conserver vivants.

LITTÉRATURE NOIRE

Les nègres africains transportés en Amérique comme esclaves et ceux qui y vivent, libres aujourd'hui, au contact des Européens, ont toujours appris avec une singulière facilité les mots des langues de leurs maîtres ou voisins, Anglais, Français, Espagnols, Portugais, mais sans jamais pouvoir en saisir la syntaxe ; en sorte qu'il en résulte autant de baragouins bizarres, tels à peu près que ce jargon, produit du français défiguré à la manière guinéenne, prononcé avec un accent tout spécial et des intonations quasi enfantines, que nous appelons le *parler bon nègre*.... Les traits les plus curieux de ce langage franco-nègre sont la suppression des *articles*, des *prépositions* et des *temps* de la conjugaison. En voici, du reste, un assez curieux échantillon, qui pourra donner une idée non seulement du parler, mais aussi — comment dirai-je? — de la *littérature nègre* : c'est une espèce de fable, racontée à la veillée, en une fête du pays, après la danse, par un poète couleur de suie à des compagnons de même teinture, en notre colonie de Guyane. Il faudra plus d'une parenthèse pour rendre compréhensible à des oreilles européennes le fantastique récit du La Fontaine d'outre-mer.

Ounc année qui faire sec trop, toute bête dans bois mouri faim. Anancy (*l'araignée*) qui gagné (*a*) esprit passé (*plus que*) tout moun (*être*), trouvé oun carbet (*magasin, silo*) où qui gagné (*où il y avait*) ignames beaucoup. Li faire oun gros entouri (*panier*) ou qui mitti (*où elle mit*) tout plein ignames.

Quand sorti maison, rencontré oun serpent qui dit : « Toi prendre mes ignames, moi piqué toi ».

Anancy dit : « Non ; moi porté ignames (*je vais porter les ignames*), et toi veni demain piqué moi ».

Petit morceau (*peu*) après, li trouvé ounc tapir qui gagné faim. Anancy dit : « Viens à mo maison (*à ma maison*) ; moi gagné beaucoup ignames, qui partagé avec toi ».

Quand fini bien mangé, Anancy dit : « Toi couché à côté la porte, et si quelqu'un appelé, toi ouvri vite ».

Serpent qui veni bon matin faire : « Toc, toc ! » Tapir ouvri, et serpent piqué li, et pi (*puis*) sauvé !

Tapir mouri vite ; Anancy faire bouilli morceau (*en fit bouillir un morceau*) et boucaner (*fumer*) reste.

Eh ! pas si mal, pour un bon nègre ! Qu'en dites-vous de cette scélératesse de l'araignée? Pour moi, je trouve le dernier trait admirable :

.... faire bouilli morceau et boucaner reste !...

Notre La Fontaine blanc n'aurait pas trouvé mieux que ça !

OURS POLAIRES

Les Esquimaux sauvages du Grœnland mènent sur ces rivages maudits la plus âpre existence. — Ce sont des hommes de petite race, trapus, assez robustes, agiles, résistants, fort laids. Leur costume ne les embellit point : d'un peu loin l'Esquimau ressemble passablement à son voisin l'ours blanc.... Mais quoi, n'ayant même pas de bois pour faire du feu, devant ce froid terrible les pauvres gens n'ont pas d'autres ressources que de s'empaqueter dans des fourrures. Hommes et femmes ont le même vêtement : pantalons de peau d'ours, et bas de peau de chien; mitaines de peau de phoque, veste de peau d'oiseaux de mer, avec la plume en dedans, surtout en peau de renard ficelé sur le corps, avec un capuchon de même, recouvrant toute la tête et laissant voir seulement les yeux, le nez et la bouche; bottes de cuir de renne ou de phoque....Mais voilà qu'en décrivant le costume je me trouve avoir énuméré à peu près tous les animaux dont le pauvre indigène peut tirer aussi sa nourriture; un seul est domestique, le chien. La principale ressource est encore le phoque. L'Esquimau se nourrit de viande demi-crue, de poisson; sa boisson commune est l'eau de neige fondue, et l'infecte huile de phoque son grand régal. Il a pour armes de chasse et ustensiles de pêche la lance, le petit javelot, semblable à une flèche et qui se lance à la main, le harpon, les filets, les lacs de corde; il chasse de préférence à l'affût. C'est à l'affût aussi qu'il *pêche* les phoques, en perçant, dans la glace qui recouvre l'eau, des trous où ces animaux viennent pour respirer; caché près du trou, le chasseur les harponne, ou les saisit avec un nœud coulant. Pour conserver son gibier ou sa pêche, pas n'est besoin de saler : il suffit de laisser geler! — Les Esquimaux ont pour moyen de locomotion, sur la glace, le traîneau attelé de chiens; sur l'eau, le *kaïak*, léger et fragile canot de peau de phoque.

Mais le trait le plus curieux de l'existence de ces hommes de l'extrême Nord, c'est l'habitation. L'été, ils vivent sous des tentes de peau de phoque; l'hiver dans des huttes de neige. — Celles-ci devraient plutôt s'appeler des terriers. Demi-souterraines, en effet, avec des murs et un dôme de glace et de neige tassée, elles ont pour porte une étroite et basse ouverture, par laquelle on ne peut entrer qu'en rampant à quatre pattes; pour fenêtre, un petit trou, presque toujours obstrué avec un lambeau de fourrure. L'intérieur de cette tanière forme une petite chambrette au sol, aux murs, au plafond de glace. Point de meubles : le long du mur, une banquette, de glace aussi, sert de banc, de table, de foyer; le lit est une plate-forme de glace, sur laquelle est étalée une couche de fascines, avec des peaux de rennes jetées par-dessus pour matelas. Le foyer, en l'absence du bois, est représenté par une sorte de grosse lampe ou, si vous voulez, de cuvette, où brûle, à grande flamme, de l'huile de phoque, dont l'âcre fumée empeste ce taudis, et s'échappe comme elle peut, ou plutôt ne s'échappe pas. C'est sur cette lampe qu'on fait dégeler l'eau pour boire, qu'on fait cuire la viande, le poisson. — Chose curieuse, dans cette hutte de glace les habitants se tiennent presque nus : la chaleur de la lampe continuellement allumée, des gens entassés dans cet étroit espace

Esquimaux. — Campement et costume d'été.

forme une atmosphère étouffante, qui fait un violent et mortel contraste avec le froid coupant de l'extérieur. — Les Esquimaux sauvages sont d'une saleté repoussante, impossible à imaginer, intolérable à décrire; très peu intelligents, du reste, si bornés qu'ils ne peuvent compter au delà de quatre ou cinq, ne savent pas leur âge, ni le nombre de leurs enfants!... Brutaux, et d'une gloutonnerie, il faudrait dire d'une voracité inouïe, ils ne sont cependant ni cruels ni violents. Mais ils semblent être d'une insensibilité extrême, fermés aux tendresses et aux douceurs qui font la vie morale des autres hommes, comme si le froid, qui glace leur sang, eût aussi figé leurs pensées.

LES PEAUX-ROUGES

Avant l'arrivée des Européens, les immenses étendues de l'Amérique du Nord, depuis les régions tropicales de la Floride jusqu'aux froides contrées des *Grands Lacs*, étaient habitées par des peuplades sauvages assez différentes entre elles de physionomie, de costume, de langage, de caractère et de mœurs, que l'on désigna depuis, en bloc, sous le nom d'*Indiens*, souvent aussi de *Peaux-Rouges*, parce que ces farouches habitants des forêts et des prairies ont en effet la peau rouge,... surtout quand ils se la sont peinte avec cette couleur. Ce qui reste de ces *tribus* est aujourd'hui resserré dans certains espaces que les Américains conquérants leur ont laissés, et qu'on nomme les *territoires*.

Parmi ces neveux des fameux sauvages *algonquins*, *hurons*, *iroquois*, *natchez*, *mohicans*, illustrés par Cooper et par Chateaubriand, les uns se sont laissé quelque peu gagner à la civilisation ; ils prennent plus ou moins le costume européen, ils se fixent et se font laboureurs, ils finiront par se mêler à la population d'origine européenne; d'autres en sont à faire un bizarre et curieux mélange de leurs costumes et de leurs mœurs d'autrefois avec le vêtement et les habitudes des civilisés; d'autres enfin sont obstinément restés de purs sauvages, vivant dans les bois et les *prairies*, demi-nus, farouches, cruels, pillards, rusés et perfides, extrêmement redoutables. Parmi ces derniers, on cite les tribus errantes des *Corbeaux*, des *Paunies*, des *Apaches*, des *Cherokees*, des *Delawares*; enfin les *Sioux*, qui passent pour les plus intraitables.

Les voyageurs qui ont dépeint les Indiens sauvages, leurs costumes, leurs mœurs, semblent souvent en contradiction : à en croire les uns, par exemple, vous vous représenteriez des populations assez douces, au fond, hospitalières, faciles à gagner et à apprivoiser; les autres vous font des portraits de véritables bêtes féroces, indomptables, sanguinaires, avec des scènes horribles de massacre, de torture et d'anthropophagie.... Cela s'explique surtout par les différences très grandes qui existent nécessairement entre des peuplades séparées et même ennemies, si variées de race et de manière de vivre, sous des climats si opposés, sur une étendue de pays aussi vaste que l'Europe.

Les Indiens modernes des *territoires* du milieu, vers le Mississipi et le Missouri, sont de taille moyenne ou grande, avec la peau d'un brun épais, plutôt jaunâtre que rougeâtre, et qu'on a comparé à la couleur de la cannelle. Ils ont le front fuyant, les pommettes saillantes, le nez très fort et aquilin, c'est-à-dire en bec d'aigle ; les yeux petits, de fortes mâchoires ; leurs cheveux sont noirs, longs et droits, raides, ordinairement séparés sur le milieu de la tête, parfois nattés en deux tresses pendantes ou relevés en torsade. Le vêtement

Chef corbeau en toilette de cérémonie.

varie suivant les tribus, les lieux, les saisons ; le costume de chasse n'est pas le costume de fête, celui d'un chef n'est pas celui du simple guerrier. Imaginez un chef peau-rouge en grande toilette : des espèces de pantalons tombant jusqu'aux pieds, ornés de broderies bizarres et de franges pendantes; sur les épaules une sorte de manteau d'étoffe épaisse ou de peau avec le poil, ou bien encore un petit vêtement à manches; aux pieds, des chaussures grossières de peau de buffle, liées avec des courroies. Ajoutez la parure : car les hommes, chez les sauvages, sont très soucieux de parure, tandis que les femmes sont fort négligées sous ce rapport. Les ornements les plus communs sont les bracelets, colliers de dents d'animaux, de fruits percés de trous et enfilés, les gros anneaux pendant aux oreilles, les rondelles d'os portées au cou en guise de médailles, enfin sur la tête la fameuse couronne de plumes étalée en façon de queue de paon faisant la roue, ou tout simplement une aigrette de plumes. Puis les armes : la pique, ou l'arc et les flèches, la *rondelle* ou bouclier de bois, le *casse-tête*, le couteau que l'Indien porte toujours à sa ceinture. Surtout n'oublions pas le *calumet*, la longue pipe à fumer le tabac, qui joue un si grand rôle dans la vie du sauvage! Les Indiens, aux jours de fête, se peignent le corps de diverses couleurs où le rouge domine et qui forment des dessins bizarres, parure changeante; souvent même ils sont tatoués, c'est-à-dire gravés de dessins incrustés dans la peau au moyen de piqûres douloureuses, ornementation ineffaçable.

Les Indiens sauvages s'abritent sous des huttes d'écorce ou sous des tentes de peaux appelées *wigwams*; quand ils ne font pas la guerre ou la chasse au bison, ils fument ou dorment paresseusement, laissant à leurs femmes, pauvres êtres malheureux et méprisés, tous les travaux de la vie, les plus dures corvées. Avant l'arrivée des Européens ces peuplades ne connaissaient, en fait de métal, que le cuivre, dont ils ne savaient pas tirer parti; leurs armes, leurs outils étaient de pierre, de bois dur, d'os ou de corne. A force d'adresse naturelle et de patience ils arrivaient, avec ces grossiers outils, à façonner des objets très délicats; ils savaient tisser des nattes, tresser des filets pour la pêche, construire des *canots* d'une seule pièce en creusant le tronc d'un gros arbre. Ils récoltaient le *riz*, qui croît en abondance dans les lieux très humides, et cultivaient le *maïs*.

Ces pauvres gens, ignorants à l'excès, sont extrêmement superstitieux; ils sont persuadés que certains *sorciers* ont le pouvoir de faire la pluie ou le beau temps, la bonne ou mauvaise chasse, et s'imaginent, chose bizarre, que toute maladie et la mort même ne peuvent être que l'effet d'un maléfice. Croyant à des *manitous* ou génies bons et mauvais, espèces de dieux et de diables qui ont tout pouvoir sur les hommes, ils ont des fêtes bizarres, mêlées de pratiques ridicules et même cruelles, et s'imaginent que les âmes des vaillants guerriers, après leur mort, seront reçues dans de merveilleux *territoires de chasse*, où le gibier abondant, le maïs levé sans culture, le tabac excellent les combleront de jouissances matérielles,... les seules qu'ils puissent comprendre.

INDIENS DES PRAIRIES CHASSANT LE BISON.

RITES PATAGONS

Les Patagons ne sont pas des géants, — comme les Lapons ne sont pas des nains. Ce sont des hommes de grande taille ; en moyenne 1^{m},78, environ 5 pieds 5 pouces : taille de cuirassier, tout simplement. Nous voilà loin de Grandgousier et de Gargantua ! Ils sont de couleur blanche un peu basanée, ont les cheveux lisses et noirs ; ils s'arrachent tous les poils de la barbe et même les sourcils, ce qui leur fait une figure toute glabre. A part ceux que le contact des civilisés a pu modifier un peu, ce sont bien de vrais sauvages, brutaux, farouches et cruels, fort dénués et misérables. Chose étonnante, sous

Berger patagon et son troupeau.

ce rude climat ils vont presque nus, n'ayant qu'une ceinture de grossière étoffe, et, pour les grands jours, une sorte de manteau : une pièce carrée avec un trou au milieu pour passer la tête. Ni villages, ni cases ; ils vivent nomades, errants, par bandes plutôt que par tribus, s'abritant sous des tentes de peaux ; ils n'ont point de cultures, et se nourrissent par la chasse, la pêche, le pâturage ; ils gardent des troupeaux de bœufs dans leurs froides *pampas*, quelques moutons, et des chevaux dont ils mangent la chair demi-crue. Ajoutez une petite industrie, très productive : le vol. Réunis en troupes pillardes, ils tombent sur les plantations des colons leurs voisins, raflent tout ce qui peut s'emporter, emmènent les troupeaux, massacrent les hommes ou les réduisent en esclavage. Avec cela ces honnêtes gens sont fort religieux... à leur façon, qui est une singulière façon, et toujours en prière; ils célèbrent, surtout, deux grandes fêtes : l'une, l'été, consacrée au bon Dieu, — *leur* bon Dieu, — l'autre, l'hiver, au diable! — il faut se faire des amis partout. Bien entendu que la pompe sacrée consiste en chants sauvages, danses furibondes et cavalcades tournoyantes, orgies de chair de cheval et de lait aigri. La plus curieuse coutume de cette race pieuse et pillarde est la cérémonie du *percement de l'oreille*. Quand un enfant atteint l'âge de quatre ans, un beau jour on barbouille son petit corps de couleurs vives; on le couche sur le flanc d'un cheval abattu à terre, et là, au milieu du concours de toute la famille et des proches, le chef de tribu lui perce avec un os aigu le *lobule* de chaque oreille, y introduit un petit morceau de métal. Le tout finit par un festin où le cheval est dévoré en famille; et la religion patagone compte un néophyte de plus.

Tout au rebours des Patagons, leurs voisins les *Fuégiens* ou habitants de la Terre de Feu — qu'il faudrait appeler *terre de glace*, — sont des hommes de petite race; ils ont le corps trapu, les cheveux noirs, le teint jaunâtre : fort laids d'ailleurs, avec des traits épais et grossiers. Les hommes ont la singulière coutume de s'arracher la barbe. Ces pauvres *Pêcherais*, comme on les nomme encore, sont les plus misérables peut-être et les plus dénués des hommes; plus malheureux que les plus sauvages habitants de l'Australie ou de la Nouvelle-Zélande, surtout en ce que le climat de leur pays, à l'extrême pointe de l'Amérique, la plus avancée de toutes les terres vers le pôle sud, est extrêmement dur et froid, humide, venteux.

Ces peuplades, peu nombreuses, errent le long des côtes. — Ils vont presque nus, ayant pour tout vêtement une peau de loutre ou de phoque jetée sur les épaules. Leurs abris, insuffisants, épars dans la forêt ou parmi les rochers, ne méritent pas même le nom de huttes : quelques branchages croisés, surchargés de feuillage et de terre, sous lesquels ils se tapissent la nuit. Pour meubles, pour ustensiles,... rien; ils semblent n'avoir d'autre idée, d'autre préoccupation que leur misérable nourriture, de mots que pour demander à manger. Pour lit, la terre nue. Pourtant, à les voir aller, venir, au vent, à la pluie, marcher les pieds dans l'eau sur la grève, plonger dans la mer glaciale, on croirait qu'ils sentent peu les duretés de leur triste existence. Avec cela ces pauvres sauvages ne sont nullement féroces; les parents aiment et choient leurs enfants, les gens de la peuplade s'aident entre eux, partagent volontiers; ils se montrent même d'ordinaire bienveillants envers les étrangers. Leur vie se passe à pêcher du poisson à l'aide de lignes, à ramasser des coquillages le long des rochers et des grèves; leur unique richesse est une frêle pirogue d'écorce qu'il faut renouveler chaque année. Les missionnaires anglais ont tenté de civiliser quelque peu les Fuégiens de certaines plages en leur donnant des vêtements, leur apprenant à bâtir des cases, à défricher la terre : mais il est plus facile de les habiller que de les habituer à travailler ; et souvent, après quelques mois de cette existence nouvelle et régulière, qui semble moins pénible, ils s'enfuient pour reprendre la vie des bois.

SAUVAGES ET DEMI-SAUVAGES AU BRÉSIL

Les Indiens sauvages du Brésil, comme aussi ceux du Pérou, de la Colombie et, en général, de l'Amérique méridionale dans sa partie tropicale, sont moins intelligents, mais aussi infiniment moins cruels que ceux de l'Amérique septentrionale. Quelques tribus cependant sont plus farouches que les autres, et même, dit-on, anthropophages. Celles-ci exceptées, on peut prendre pour exemple les peuplades, non encore atteintes par la civilisation, qui habitent les bords du fleuve des Amazones et de ses affluents, divisées en nombreuses et faibles agglomérations, différentes de langue, assez semblables de physionomie et de mœurs. De taille plutôt petite et de couleur brun foncé, avec des cheveux plats, épais de corps et gras, ces gens ont des faces toutes rondes, des faces de pleine-lune, avec le front bas, les yeux tout petits, peu ouverts et tirés au coin, remontant vers les tempes ; un nez court, large, rond du bout, une grande bouche large, fendue, des joues bouffies et un menton effacé : de vraies faces de bébés, avec une physionomie étonnée, rieuse, tout enfantine comme leurs traits. Et en effet ce sont de vrais enfants, très simples, très naïfs, d'une *innocence* qui va jusqu'à la plus triomphante bêtise.... Très mous, paresseux, insouciants au suprême degré et imprévoyants de toute chose, ils sont assez doux, indifférents, faciles à apprivoiser, faciles à soumettre, avec des colères subites comme en ont les enfants. Ajoutez un penchant très marqué au vol, incapables qu'ils sont de résister à l'envie de prendre l'objet qui les a tentés. Sous ce climat chaud et humide la plupart vont nus ou n'ont pour vêtement qu'un *pagne*, une ceinture d'écorce ou de feuillage autour des reins : beaucoup se *tatouent*, ou plus simplement se peignent le corps et le visage[1], ce qui leur permet de changer de parure, comme on change chez nous de costume. Selon les coutumes des tribus, selon la fantaisie de chacun, ils ont pour ornement des colliers de

1. Voir page 208.

petits fruits, des bracelets aux poignets, aux jambes; des tronçons d'os passés dans le lobe des oreilles, ou en travers du nez, ou dans la lèvre inférieure : d'autres, chose plus étrange, s'implantent dans les joues des os minces pointus qui figurent autour de la bouche comme des moustaches de chat, d'autres encore, des plumes d'oiseau. Quelques-uns, au moyen de bâtonnets passés dans le lobe, arrivent à avoir des bouts d'oreille pendant jusque sur les

Indien de l'Amazone en costume de fête.

épaules. — La vie, chez eux, est toute simple, tout animale et sans cérémonie; ils ont pour communes demeures des cases tout à jour, avec un toit de feuillage. Ils possèdent des canots creusés dans un tronc de palmier pour naviguer et pêcher sur leurs rivières; plus souvent encore ils se servent de simples radeaux faits de troncs d'arbres entrelacés de branches flexibles, qu'ils laissent aller au cours de l'eau ou dirigent avec des perches. Ils ont pour armes des lances à pointe d'os, des arcs et des flèches : armes de chasse, car ils sont très pacifiques et les guerres sont assez rares. Ils se nourrissent de fruits, de poissons, de gibier,... mais quel gibier! « Voici, dit un voyageur, ce que je vis un jour mettre dans le pot-au-feu : des œufs de tortue, une raie, la tête et les bras d'un singe, deux crapauds, deux

Sauvages du Brésil visités par un voyageur européen.

canards, une queue de caïman... avec des bananes, du piment et du sel!... »

Dédaignant toute occupation, et aussi peu galants que possible, ils laissent aux femmes, dont ils font grand mépris, les plus lourds fardeaux à traîner, les plus pénibles travaux à faire. Les voyageurs qui les ont visités racontent toutes sortes de traits plaisants de la naïveté invraisemblable de ces naturels ou de leur enfantine fantaisie : tantôt ce sont des sauvages qui, ayant dérobé des vêtements européens, ne peuvent arriver à s'en affubler, s'obstinant par exemple à passer les bras dans les jambes d'un pantalon, désespérés de ne pouvoir trouver un trou pour faire sortir la tête ; ou bien s'efforçant d'enfiler les jambes dans les manches trop étroites d'une chemise de flanelle.... Un autre jour ce sont les femmes d'une tribu, auxquelles on a fait cadeau de petits grelots, et qui ne trouvent rien de mieux à faire que de se les susprendre au bout du nez, par un petit trou percé à la cloison des narines, pour se livrer à une sarabande effrénée avec un tintinement assourdissant, une ivresse de rire, jusqu'au complet vertige....

Vers le sud du Brésil, dans les bois de l'intérieur, une autre race, différente de celle-ci, plus laide et plus sauvage, les *Botocudos*, tire son nom d'un affreux *ornement* que nous avons rencontré aussi en Afrique : la *botoque*. Imaginez, dans la lèvre inférieure percée d'un trou graduellement agrandi, une rondelle de bois large comme une pièce de cinq francs horizontalement placée, qui la fait déborder effroyablement... Il n'y a pas de nom pour une si dégoûtante difformité ! Les sauvages défigurés de la sorte se servent de la botoque comme d'une assiette, découpant dessus, en tout petits morceaux, la viande qu'ils n'ont plus qu'à faire glisser dans la bouche ! — D'autres rondelles semblables sont introduites dans les lobes pendants des oreilles. *Horrible* manière de *se faire beau !*

Mais il y a au Brésil, comme au Pérou, au Paraguay, quelque chose de plus curieux à observer que les vrais sauvages des forêts, partout à peu près les mêmes ; ce sont les demi-sauvages, en train de se transformer par le contact des Européens, et que les missionnaires s'efforcent de convertir et de civiliser pour le mieux.... Convertir, c'est la moindre chose : car ces Indiens, simples d'esprit et nullement opiniâtres, faciles à persuader et à conduire, croiront volontiers ce qu'on leur enseignera. Civiliser, c'est une autre affaire : car qui dit civilisation dit travail, et ce sont bien les plus mous, les plus indifférents des hommes, les plus capricieux, toujours fort tentés de la libre vie des bois, presque sans besoins, et par-dessus tout amis du repos, ennemis de la peine. En tout ils s'arrêtent à mi-chemin ; et justement ce mélange des choses civilisées et des choses sauvages produit l'effet le plus grotesque, le plus divertissant qu'on puisse voir. Dans le costume par exemple, costume fort simplifié, ce sera : pour les hommes, le pantalon, auquel s'ajoute, aux grandes occasions, une courte chemisette ; pour les femmes un léger corsage et un jupon, ou bien, tout d'une venue de la tête aux pieds, une robe de toile que nous appellerions, chez nous, une chemise ; voilà la part de la civilisation. Mais, à côté, des dessins tatoués sur les jambes et les bras, ou bien des

PROCESSION CHEZ LES INDIENS D'UNE MISSION AU BRÉSIL

peintures barbouillées à travers le visage, des ornements pendant aux oreilles, au nez, à la lèvre: c'est le contingent de la sauvagerie. Et le reste à l'avenant. La demeure n'est plus tout à fait une hutte, et n'est pas tout à fait une maison. Çà et là, dans les coins, quelque ustensile européen, un couteau, une marmite, font bizarre figure parmi des outils de pierre et d'os ; à côté d'un casse-tête, un fusil, que dis-je? une guitare!..

Quel mélange, aussi, peut se faire, au fond de ces obscures cervelles, des croyances nouvelles que les missionnaires leur apportent et des antiques superstitions, c'est chose difficile à préciser. Quant aux pratiques extérieures du culte, objet des préoccupations des révérends, il est facile de voir qu'elles se ressentent quelque peu de la situation. Si, faute de mieux, l'église est une grande hutte aux murs de terre battue, avec des fenêtres sans vitres, au toit de roseaux dont les feuilles entrelacées de toiles d'araignées pendent sur la tête des néophytes; si l'autel est un bloc de terre glaise, l'orgue une serinette, la cloche une sonnette à pendre au cou d'une vache; si chantres et acolytes sont représentés par de jeunes sauvages peu vêtus et de force très médiocre en fait de plain-chant,... que voulez-vous, on fait ce qu'on peut! Et, comme dit le proverbe, « il faut aller en procession avec ce qu'on a de monde!... » Or, avec ce monde qu'on a, là-bas, malgré la meilleure intention, les plus solennelles processions risquent fort de prendre pour l'œil sceptique d'un Européen de passage un faux air de mascarade bien éloigné des vues orthodoxes de leurs promoteurs; ou plutôt on croirait voir la caricature de ces splendides et fantaisistes spectacles, plus profanes que religieux, que le roi artiste, notre *bon roi René*, s'entendait si bien à organiser, pour la plus grande joie des bourgeois et manants de Provence.

INDIENS DES MISSIONS AU BRÉSIL.

OCÉANIE

ILES DE LA SONDE

L'immensité de l'Océanie, de la merveilleuse et féerique Océanie qui nous apparaît, lointaine comme les rêves, à travers les curieux et enthousiastes récits des navigateurs, se divise, au simple coup d'œil jeté sur la carte, en deux régions : la région des grandes îles, comprenant l'Australie et les groupes insulaires qui la séparent du continent asiatique (*Malaisie*, *Mélanésie*), et la région plus vaste encore des petites îles (*Polynésie*) éparses à travers le Pacifique. Notre premier regard sera pour ces terres morcelées qui semblent un prolongement de l'Asie, et à travers lesquelles nous serons conduits vers le petit continent australien, de toutes les parties du monde actuellement existant celle qui ressemble le plus, par son sol, par ses plantes, par ses animaux indigènes, à ce que fut autrefois toute la terre, aux époques reculées dont parle la géologie, lorsqu'il n'y avait point d'hommes encore sur le globe.

Il doit être entendu que dans toutes ces grandes et belles îles dont est encombré le passage entre l'Asie et l'Australie, la riche Sumatra, Java la volcanique, Bornéo plus vaste que la France, Célèbes dentelée de baies, les côtes, occupées par les Européens qui y ont des villes, des ports, des comptoirs, des plantations, des établissements de toutes sortes, sont habitées par des populations diverses, très mêlées, d'Asiatiques, de Chinois, d'indigènes, et tout au moins demi-civilisées; tandis que l'intérieur, presque impénétrable, renferme des tribus de purs sauvages, hostiles et même féroces, tout semblables aux autres noirs océaniques, et menant la même vie farouche : les *Battaks* à Sumatra, les *Bonghis* à Célèbes, à Bornéo les *Dayaks*.

Ce qui frappe le plus les voyageurs qui visitent la belle Sumatra, dans les parties civilisées, aux environs des établissements européens, c'est l'art vraiment curieux avec lequel sont construites et ornées les maisons. Presque toutes sont de bois, élevées sur pilotis, le premier étage étant réservé à l'habitation, le rez-de-chaussée, plus ou moins à jour, servant de magasin. La forme des toits rappelle les maisons chinoises; mais les poteaux, les poutres, les escaliers, dans les maisons des chefs et habitants aisés, sont brodés de sculptures élégantes qui donnent à la demeure un riant aspect d'art et de richesse. Dans ces pays merveilleux qui sont le paradis de la terre, où croissent les fruits délicieux des tropiques, des fleurs splendides à profusion, les hauts palmiers, des arbres énormes, où la lumière est vive et la chaleur pénétrante sans être torride, où les nuits tièdes sont diamantées du vol des essaims lumineux de lampyres, ces constructions légères et gracieuses, parmi les bois et les jardins, au bord des eaux, donnent au paysage un air de fête et font rêver une vie heureuse et facile. « *Batavia*, la capitale de Java, est bien, s'écrie un savant voyageur, la plus belle ville du monde! Ou plutôt ce n'est pas une ville proprement dite, c'est le plus beau des parcs, semé de maisons et de palais. Il n'y a pas de rues, mais de larges avenues bordées de grands arbres, embellies par la plus riche végétation tropicale; et les belles maisons avec leurs *vérandas* à colonnes, qui se détachent en blanc sous l'ombre des palmiers et des *varangins*, semblent des temples grecs au milieu d'un bois sacré. »

Les indigènes demi-civilisés, *Malais* et *Javanais*, ont également le goût des jolies habitations; leurs demeures, éparses dans les faubourgs des villes européennes, ont un aspect pittoresque. Les cases des naturels sauvages sont plus simples, mais d'une construction analogue, élevées sur des pilotis, parfois perchées, comme des nids, sur les arbres, souvent parées de légers et capricieux ornements.

Du reste, les habitants de toute cette région, même les plus sauvages, ont un instinct singulier d'art et de parure. Souvent les *jonques* sont ornées de sculptures, de même que les maisons. A l'île de Timor, le costume des indigènes, avec de courts vêtements d'étoffes indiennes ou européennes à grands dessins de vives couleurs, offre une étonnante surcharge d'ornements bizarres, d'objets sans nom, qui font ressembler l'individu à un musée ambulant d'on ne sait quel bric-à-brac, non sans une sorte d'élégance, pourtant.

Parmi les peuplades sauvages, celles qui habitent le centre de la grande île de Bornéo, les *Dayaks*, indigènes à peau jaunâtre, à cheveux noirs et lisses, sont considérés comme les plus farouches. Ils sont toujours en guerre, de

Village de Dayaks, à Bornéo, entouré d'une palissade.

tribu à tribu, se massacrent pour la gloire, et se mangent... pour l'honneur. Leurs villages, appelés *kampongs,* sont fortifiés de hautes palissades abritant un groupe de cases très haut perchées sur de longs pilotis; à mi-hauteur des palissades, une sorte de petite passerelle suspendue, étroite, semblable au *chemin de ronde* des murailles crénelées du moyen âge, fait, à l'intérieur, le tour de l'enceinte. En temps de guerre, les guetteurs s'y placent, et, s'il y a quelque attaque, les guerriers s'y rangent, prêts à cribler les assaillants de traits à travers les interstices des pieux, comme par des meurtrières.

NIDS DE PAPOUS

Les naturels de la Nouvelle-Guinée et des îles environnantes, connus sous

Hutte perchée chez les Papous.

le nom de *Papous*, ressemblent fort aux autres indigènes de l'Océanie : couleur de la peau brun jaunâtre, nudité quasi complète, ornements sauvages, anneaux, bâtonnets passés au nez, tatouage, vie dénuée et industrie presque nulle; pour armes, des arcs et des flèches; pour outils, des os aigus, des pierres tranchantes. Ils vivent de chasse, de pêche, de fruits, font très peu

Nid de Papous sur un arbre.

de culture, élèvent quelques porcs. Ce qu'ils ont de plus remarquable, au physique, c'est une chevelure noire crépue, laineuse, extrêmement épaisse, qui forme sur leur tête comme une sorte d'énorme bonnet de fourrure, et que souvent ils disposent en petites touffes, ce qui leur donne un aspect très bizarre. La chose la plus curieuse pour le voyageur, c'est la construction de leurs cases. Imaginez un nombre considérable de longues perches de bambous fichées dans le sol et dressées; vers le milieu de leur hauteur, d'autres perches, couchées et attachées par des liens, forment un plancher. Cet échafaudage porte, au-dessus, la paroi de la cabane, faite aussi de bambous, puis le toit de roseaux, à double pente; en sorte que la maison est en réalité portée en l'air comme sur une forêt de béquilles: il faut une échelle pour y arriver. La construction est légère, le plancher, les murs sont tout à jour: le climat est chaud, heureusement. D'autres fois, tout simplement, ces cases fragiles de roseaux sont perchées, comme des nids, sur les arbres. — Au bord des lacs et sur le rivage de la mer, il existe des villages de cabanes aériennes ainsi construites, élevées non plus sur le sol, mais au-dessus des eaux, au-dessus de la mer même. Quelques-unes sont reliées à la terre ferme par des ponts longs et étroits, d'une structure toute semblable; les autres sont absolument isolées, et on ne peut y aller qu'en bateau. Autour de ces villages lacustres ou marins vont et viennent les barques des pêcheurs papous, adroitement fabriquées, et curieusement ornées, parfois, de sculptures assez élégantes. C'est tout l'art et tout le luxe de ces pauvres peuplades.

LES DEUX AUSTRALIES

Quand, récemment, les savants agitèrent cette question, à savoir: *quels sont les derniers parmi les hommes,...* les avis furent partagés; il y avait beaucoup à dire, et pas mal de concurrence! Les uns faisaient valoir la difformité des Hottentots, les autres l'abrutissement des habitants de la Terre de Feu, d'autres encore la vie tout animale de certaines tribus d'Esquimaux: la majorité fut *en faveur* des Australiens, lesquels reçurent cette palme à l'envers.... La raison était qu'ils semblent moins éducables que tous les autres. — Fort laid, de petite taille, noir, très velu, ventru, sale et d'aspect repoussant; joignez un nez large, aplati, une mâchoire saillante avec les dents avancées et de grosses lèvres noires lippues, des cheveux raides, touffus, en broussaille, mais non pas frisés et laineux comme ceux des nègres, des sourcils hérissés, une barbe rude, épaisse, emmêlée qui couvre presque tout le visage: vous avez le portrait du pauvre sauvage australien tel que la nature l'a fait. Mais lui, il a trouvé moyen d'ajouter à sa laideur; et cela, bien entendu, sous prétexte de s'embellir. Il se *tatoue*, non pas de fines broderies, de légères piqûres qui ne paraîtraient pas sur sa peau poilue, mais de grosses, larges coutures saillantes, obtenues au moyen d'entailles douloureuses qui laissent des cicatrices blanchâtres, et font des lignes en long, en travers, sur le visage et sur le corps. Autre parure encore : un petit os de 15 à 20 centimètres de longueur, gros comme le doigt, passé gentiment à travers la cloison des narines; plus, quelques dents d'animaux ou

Australiens sauvages, homme et femme.

des arêtes de poisson entortillées parmi les cheveux collants. Pour vêtement, tout au plus une peau d'animal nouée autour des reins en façon de ceinture, ou bien encore une sorte de manteau de peaux cousues jeté sur l'épaule. Ces pauvres gens ont la physionomie abrutie et farouche, et sont en réalité les moins intelligents parmi ces êtres « à deux pieds et sans plumes » qu'on appelle des hommes. Jugez-les par un trait : ils ne savent pas compter au delà de *trois* : *un*, *deux*, sur les doigts, — *trois*;... et puis, après, c'est *beaucoup*! Leur esprit ne va pas au delà. Une autre idée encore vous en donnera la mesure : quand la lune de croissant devient quartier, puis pleine lune, ils s'imaginent qu'elle engraisse parce qu'elle a bien mangé! Doux et dociles dans le jeune âge, les Australiens, en grandissant, deviennent rudes et brutaux, paresseux, voleurs et menteurs, sans qu'on puisse les dire méchants, incapables qu'ils sont de comprendre le devoir moral.

Et ce sont bien aussi les plus misérables des sauvages : leur pays, d'un climat assez doux, est presque partout pauvre, aride; l'eau y est rare, l'herbe rude et piquante; peu de bois, presque pas de fruits mangeables. Ils ont pour tout gibier des *kangourous*, difficiles à atteindre, et quelques oiseaux aquatiques;

ajoutez le poisson, les coquillages, pour les habitants de la côte. La nourriture, pour eux, est très difficile à se procurer. Ils n'ont pas de villages, ni même de demeures fixes; toujours errants, à peine savent-ils se construire des huttes ou plutôt des abris pouvant au plus couvrir deux ou trois personnes, avec quelques branches plantées en terre et du feuillage jeté pardessus, — quand le castor a ses maisons lacustres, l'écureuil ses jolis chalets aériens, les oiseaux leurs nids ouatés....

L'Australien a pour tout ustensile de petits vases d'écorce, pour outils, des os aigus, des pierres emmanchées en façon de marteaux dans une branche fendue ou brisées en éclats tranchants pour servir de couteaux, de hachettes. Pour armes de chasse et de guerre, — car on se bat aussi, entre Australiens, — des bâtons de bois dur, des lances très longues et très légères en roseau, terminées par une pointe d'os : cela tue très bien. Puis une autre arme, fort curieuse, et qui n'appartient qu'à eux seuls : le *boumerang*. Représentez-vous une lame de bois dur, aplatie et recourbée sur le plat en façon de croissant, ou, si vous voulez, de faucille, un peu gauchie comme les ailes d'un moulin à vent, et de 50 centimètres à 1 mètre de longueur. Les Australiens lancent au loin avec force et très adroitement ce projectile bizarre, qui va tournoyant en l'air, puis s'arrête, et, chose curieuse, revient vers celui qui l'a lancé. Ils se servent du *boumerang* à la chasse, le jetant à travers les vols pressés d'oiseaux sauvages, dont il atteint quelques-uns, au hasard. Les habitants du rivage ont de petits canots creusés dans un tronc d'arbre ou formés d'écorces épaisses, des filets grossiers et des hameçons d'os pour prendre le poisson, leur principale ressource alimentaire.

Les femmes, fort laides et usées de bonne heure, sont chargées de tous les travaux; elles doivent chercher les fruits et les racines, faire cuire les aliments, allumer le feu, ce qui se fait par la friction rapide de deux morceaux de bois sec, procédé primitif, long, extrêmement pénible. Chose curieuse, ces pauvres sauvagesses, quand elles ont pu gagner quelque chose au service des colons, n'ont rien de plus pressé que de dépenser leur pécule à acheter des étoffes à grandes fleurs, des chapeaux à plumes et des robes à queue, dont elles s'affublent de la façon la plus grotesque.

Une chose qu'il est juste de reconnaître, c'est que des hommes si misérables, si bas dans la vie, ne sont nullement féroces, pour des sauvages; on ne voit point chez eux les cruautés qui font horreur chez les Indiens d'Amérique, bien plus intelligents. Et pourtant ils sont *anthropophages* : mais par famine, dit-on, seulement; ils ont aussi l'affreuse coutume de tuer et de manger les jeunes enfants, quand ils craignent que la famille ne devienne trop grande et difficile à nourrir.... — Sur une terre si ingrate, ces peuplades n'ont jamais été nombreuses; et depuis que les côtes et les meilleures terres sont envahies

INDIGÈNES AUSTRALIENS.

par les colons anglais, ils reculent vers l'intérieur et les déserts. Leur nombre va toujours diminuant; bientôt ils auront disparu, comme ont disparu les *Tasmaniens*, leurs voisins insulaires, de même race et tout aussi misérables, sinon plus.

Depuis une cinquantaine d'années qu'ils sont arrivés en Australie, ces colons anglais sont en train d'y faire de petits États-Unis, qui, comme les grands, finiront par se séparer de la mère patrie. — Tout d'abord, naturellement, ils se sont emparés des rivages, des vallées fertiles et bien arrosées, refoulant les *naturels* vers les mauvaises terres de l'intérieur. Et maintenant il y a sur la côte de belles et grandes villes, telles que Sydney, Melbourne, Brisbane, Adélaïde, toutes neuves, propres et bien alignées, avec d'élégantes maisons et de jolis jardins, des palais[1], des théâtres, des écoles, des musées, des chemins de fer et des télégraphes; tout le luxe, toute la richesse, toutes les recherches de la vie civilisée, là où, il y a vingt ans, trente ans, vous n'eussiez vu que fourrés et marécages, rochers, landes couvertes de fougères, puis, éparses, quelques huttes d'écorce abritant de misérables sauvages. C'est comme un changement à vue dans une féerie de théâtre, et l'on peut bien dire la plus étonnante métamorphose que la civilisation ait opérée. Le contraste est extrême et violent entre ces deux bouts du monde rapprochés de force : l'Australie sauvage et l'Australie civilisée. Aux environs des villes, de riches maisons de campagne; plus loin, de vastes fermes, des pâturages couverts de moutons. —La vie du pays est, tout naturellement, le commerce; et tous les colons sont plus ou moins commerçants. Les productions du terroir sont la laine, les peaux; on pourra y joindre la vigne. Ajoutez l'or des fameuses mines australes. Les colons ont tenté de civiliser un peu les indigènes, d'en faire des laboureurs, du moins des bergers; mais on n'y réussit guère, car ces sauvages sont très peu éducables, et, dès qu'ils le peuvent, retournent à la vie des forêts. — Les Anglais n'ont pas manqué d'acclimater sur cette terre, si pauvre en végétaux et en animaux, les arbres et toutes les plantes utiles, les animaux de l'Europe : le cheval, le bœuf et la vache, le mouton, qui est la richesse du pays; mais aussi une autre espèce, qui en est devenue le fléau. — « Laquelle? direz-vous; le loup? » — Non, bien pis : le lapin! Ce rongeur, retourné à l'état sauvage, s'est tellement multiplié qu'il ravage toutes les cultures et menace de les détruire. On ne sait comment s'en défaire, et la *question du lapin* est le plus grand souci des maîtres de l'or, les riches colons australiens.

1. Voir page 211 le Palais du Gouverneur à Sydney.

MŒURS MAORIES

Habitants indigènes de ces belles grandes îles, fertiles et vertes, au climat doux et humide, célèbres par leurs montagnes volcaniques et leurs merveilleuses sources d'eau bouillante, que nous nommons, prises ensemble, la *Nouvelle-Zélande*, les Maoris, quoique un peu modifiés par le contact de la civilisation, sont toujours en révolte sourde ou déclarée contre leurs conquérants, les Anglais. Que réclament-ils? — Leur liberté. — Rien de plus juste. — Mais, vous écriez-vous, une question : quand ils l'avaient, cette liberté, qu'en faisaient-ils? — Mes amis, je m'en vais vous le dire : ils l'employaient à s'entre-manger.

Le grand trait de mœurs de la population maorie, c'est l'anthropophagie. Ajoutez le tatouage et la curieuse coutume du *tabou* : je dirai tout à l'heure en quoi elle consiste. Les Maoris sont mêlés de deux races différentes : les uns, à peau brun jaunâtre, à cheveux lisses, les autres d'un teint sombre, velus, avec des cheveux crépus; ces derniers, surtout, ont un aspect sauvage et farouche. Ces peuplades ont un instinct d'art curieux, qui se montre par des ornements, des sculptures bizarres et contournées, des statuettes de bois, des idoles difformes et grimaçantes. Mais l'art maori par excellence, c'est la *gravure*... — j'entends celle qui se fait sur la peau humaine vivante, et qui remplace plus ou moins le vêtement : le *tatouage* en un mot. Beaucoup de peuplades sauvages, en Océanie, ont cette singulière pratique; mais chez les naturels néo-zélandais elle est développée au plus haut degré. Le procédé consiste, comme on le sait, à produire, au moyen d'une épine très aiguë ou d'une pointe d'aiguille, des rangées de piqûres, qui doivent aller jusqu'au sang; puis on frotte la partie piquée avec le suc coloré de certaines plantes, rouge ou bleu, brun ou noir, lequel pénètre sous la peau et forme des traces ineffaçables.

Les Maoris sauvages se couvrent ainsi le corps et même le visage d'ornements plus ou moins compliqués, qui figurent parfois comme les dessins d'une étoffe : parure peu coûteuse, et *inusable*! Il y a tels de ces chefs qui sont brodés de la tête aux pieds comme un châle des Indes. Le vêtement, très réduit, — ce serait dommage de trop cacher cette jolie marqueterie, — consiste en une ceinture de lanières d'écorce; parfois s'y ajoute un court manteau de semblable fabrication. — Les huttes, à l'intérieur démunies de tout meuble et affreusement malpropres, sont souvent ornées à l'extérieur de sculptures assez élégantes.

Le *tabou*, dont j'ai parlé, superstition commune à beaucoup d'îles océaniennes, consiste dans l'interdiction rigoureuse de toucher à tel objet, à telle case, à tel terrain, à telle personne qu'un chef ou un prêtre des fétiches, ou un *sorcier*, ou parfois le premier passant venu a déclaré être *tabou*. Cela suffit : personne n'oserait violer cette singulière excommunication. Un prêtre, par exemple, entend-il se réserver les fruits d'un terrain, d'un arbre, il proclame que cet arbre, ce terrain sont *tabou*, excepté pour lui, naturellement.

Porte sculptée.

Les tombeaux sont *tabou*, les malades sont *tabou*, certains poissons, pour les femmes et non pas pour les hommes, sont *tabou* ; *tabou* tel ornement, *tabou* telle plante.... — Si quelque chef bien puissant, quelque sorcier bien en renom s'avisait de *tabouer* tout le pays, je ne sais pas ce qu'il adviendrait de la population.

Précédées de hideuses danses guerrières consistant en simulacres de tuerie avec d'horribles contorsions et des grimaces diaboliques accompagnées de cris, de hurlements de fauves, les guerres de tribu à tribu, très fréquentes autrefois chez les Maoris, avaient pour conclusion des festins de cannibales. Les morts, ramassés sur le champ de carnage, les blessés, qu'on achevait avec des tortures horribles, étaient dévorés par les vainqueurs dans un grand banquet triomphal. Les têtes, suspendues aux portes des cases, aux barrières des villages, servaient de trophées; et chaque habitant, au passage, leur adressait encore des chansons ironiques : « Tu croyais me fuir; mais je t'ai tué et mangé! Où est ton père? — Il est cuit. — Où est ton frère? — Il est dévoré. » Poésie d'ogres!

Les Anglais, autant qu'ils ont pu, ont aboli ces atroces coutumes. Les plus intelligents des naturels se sont rapprochés des Européens, ont adopté nos costumes, nos mœurs; on leur a ouvert des écoles où leurs enfants apprennent à lire, à écrire; on leur enseigne les travaux du ménage, les industries

Chef Maori.

utiles. Ceux-là sont en voie de se civiliser; mais les tribus errantes de l'intérieur veulent rester sauvages, résistent tant qu'elles peuvent et par tous les moyens. Il n'est qu'une de nos inventions que tous adoptent volontiers. Ces populations avaient pour toute arme, il y a quelques années encore, des piques à pointes d'os, des massues, des arcs et des flèches; maintenant, grâce aux Anglais, qui, partout sur le globe, font de tout leur cœur l'intelligent et honnête métier de fournir aux sauvages des armes perfectionnées avec lesquelles ceux-ci peuvent massacrer les Européens, nos Maoris sont armés de fusils et s'en servent très bien pour occire, chaque fois que l'occasion s'en présente, ces mêmes Anglais qui ont eu l'attention charitable de leur en fournir : ce qui n'est pas injustice.

LA GRANDE FOURCHETTE DE VITI

Il est, au milieu de l'Océanie, dans la région de l'Équateur, un groupe assez nombreux d'îles et d'îlots, dont le sol est fertile, le ciel magnifique, le climat égal et doux : les Anglais les nomment *Fiji*, nous *Viti*. Les habitants de ces belles îles, les *Fijiens* ou *Vitiens*, comptent parmi les sauvages les plus sauvages des terres perdues de l'immense Océanie : ce sont — c'étaient, surtout — de véritables *ogres*! Pas trop laids, pourtant, quoiqu'ils soient de couleur noire; leur chevelure, leur barbe, sont épaisses et crépues. Le climat du pays étant très chaud, ils portent pour tout vêtement une pièce d'étoffe roulée autour des reins. Souvent ils attachent sur leur tête une sorte de mouchoir qui couvre leurs cheveux, ou encore une façon de perruque feutrée, extrêmement épaisse et grossière, de couleur rougeâtre, terminée par une houppe ou une pointe. Les Vitiens, comme beaucoup d'autres peuplades sauvages, se *tatouent*, dessinent, ou plutôt gravent sur leur corps et surtout sur leur visage des lignes, des figures bizarres qu'ils considèrent comme une parure.... Malgré ces barbares ornements, ils n'ont pas, à l'ordinaire, un aspect de férocité; ils ont plutôt l'air assez doux : ne vous y fiez pas trop, pourtant. Ils sont polis à leur façon et obligeants quand ils veulent, assez fins et surtout rusés. Gais, rieurs, parleurs intarissables, ils aiment le bavardage, les ébats, les chants bruyants, les jeux et les danses. Ils ont quelques cultures, sont adroits chasseurs et pêcheurs; ils se nourrissent de fruits, de gibier, de poisson — et quelque peu encore, à l'occasion, de chair humaine. Ce sont, eux aussi, des anthropophages!

Ce n'est point par nécessité, du moins, que ces gens-là s'entre-dévorent, c'est par gourmandise. — La terre leur fournit en abondance les merveilleux fruits de la zone tropicale, qu'ils n'ont qu'à cueillir; ils ont l'arbre à pain, le bananier, l'igname qui vaut la pomme de terre, toutes sortes de racines succulentes. Ils ont des porcs, de la volaille, des tortues, excellentes dans le bouillon; les forêts abondent de gibier; la mer, autour de leurs récifs, est toute pleine de poissons exquis, de coquillages. Mais quoi? pour un Vitien, paraît-il, rien ne vaut la *viande d'homme*... — ils ont un mot pour dire cela; — et comme les ogres des contes, ils flairent voluptueusement la chair fraîche. Ils ne s'en cachent pas : loin de là; les grandes fêtes, les victoires de la peuplade sont célébrées par des repas de cannibales. Ces jours-là, autour des *cases*, des maisons de bambous, les sauvages insulaires, assis en cercle, se partagent le rôti. Les meilleurs morceaux, comme il est naturel, sont réservés pour les personnages considérables de la tribu ; les femmes, les enfants gentils rongeotent les petits os.... La vanité s'en mêle : c'est à qui aura digéré plus d'ennemis ! On citait, il y a quelques années, un certain chef, encore existant et bien connu des voyageurs, célèbre pour avoir dévoré à lui seul toute une tribu : plus de huit cents hommes ! La fourchette de cet ogre avait un *nom propre*,

Temple vitien et repas anthropophagique.

tout comme l'épée héroïque de Roland ou de Charlemagne : elle s'appelait *uno-uno* ; ce qui signifie : *qui porte lourd !* — Ce que c'est, pourtant, que la gloire !

Toujours en armes les uns contre les autres, les Vitiens sont très cruels à la guerre : une guerre où l'on ne se tue pas seulement, où l'on se mange ! Les chefs, petits tyrans de chaque île ou de chaque tribu, ont des *sujets*, obéissant à la parole et rampant devant eux à quatre pattes, et des esclaves *corvéables et mangeables à merci....* Le peuple ne vaut pas mieux. Voleurs, menteurs, extrêmement perfides, très superstitieux, ils ont des divinités qu'ils honorent, à leur façon de goinfres, en leur offrant à dîner.... — Ces excellentes gens habitent dans des huttes éparses ou réunies en villages, aux murs massifs de terre pétrie, aux toits de chaume pointus. Ils ont pour armes des casse-têtes de bois dur assez habilement travaillés, de longues lances en bois à pointes d'os aigus; ils font usage d'arcs et de flèches. Leurs outils sont des os appointis, des pierres tranchantes; ils possèdent des filets de pêche, des harpons, des canots pourvus de voiles. Leurs jeux, leurs danses sont des cabrioles effrénées, avec simulacres de guerre et de tuerie; grands amateurs de vacarme, ils ont pour instruments de musique une flûte dont ils jouent *avec le nez*, puis la *conque marine*, sorte d'énorme coquille roulée en spirale qui rend des sons rauques, enfin une sorte de tambour avec lequel ils font un tapage épouvantable.

Les Anglais, possesseurs de ces îles, y ont envoyé des missionnaires, espérant en civiliser un peu les farouches naturels, — lesquels ont commencé par manger les plus gras des dévoués apôtres. Ce que voyant, les *pêcheurs d'hommes* ont pris, dit-on, le parti de choisir, pour évangéliser ces îles inhospitalières, tout ce qu'ils ont pu trouver de plus maigre et de plus coriace parmi les zélés pasteurs, afin de ne pas trop exciter l'appétit de ces ouailles féroces.... Cependant, par leurs efforts, par l'influence des Européens qui trafiquent en ces parages, les mœurs s'adoucissent. On s'habille, de la façon la plus extravagante, avec des morceaux dépareillés de costumes européens, on se met à cultiver un peu d'orge et de blé, dans les coins; surtout on se dévore moins, déjà, dans le pays. Et il faut espérer qu'avant un demi-siècle l'anthropophagie aura disparu : mais peut-être aussi, du même coup, la race des anthropophages. — Faudra-t-il les regretter beaucoup?

DINERS DE KANAQUES

Depuis que la Nouvelle-Calédonie est devenue un lieu de déportation, les sauvages *Kanaques* sont, dit-on, en voie de se civiliser quelque peu.... Tant mieux, alors : car c'était bien tout ce qu'on peut imaginer de plus affreux que cette noire peuplade. Au physique d'abord : assez bien faits de corps, pourtant, mais d'une désagréable couleur de chocolat, ils ont les cheveux noirs, laineux, la barbe rude et crépue, le nez épaté, de grosses vilaines lèvres de nègres, saillantes et lippues, le front étroit et la tête aplatie; surtout des yeux injectés de sang qui leur donnent un regard farouche. Les femmes sont beaucoup plus laides encore; accablées des plus rudes travaux, elles sont vieilles de bonne heure, et, alors, horribles. Le Néo-Calédonien, avant notre arrivée, ne connaissait pour armes que la lance de bois dur et le casse-tête de pierre emmanché d'une branche fendue, pour outils que des os pointus et des pierres tranchantes. Ils vont encore presque nus, ayant pour tout vêtement une ceinture grossière faite d'écorces, et parfois une torsade de même étoffe parmi les cheveux. Que dirai-je de leurs huttes de terre et de paille, au toit pointu de roseaux, rappelant la forme d'une ruche ; à l'intérieur, sans meuble aucun, et d'une saleté dégoûtante? — Leurs fêtes, qu'ils appellent *pilou-pilou*, sont bien le plus effroyable sabbat qu'on puisse rêver, quand, après s'être bourrés de nourriture, le soir venant, autour des feux allumés ou à la clarté de la lune ils se livrent à des danses effrénées, avec des cris de fauves, un vacarme d'écorces battues à grands coups de bâton, — cela remplace la musique! — agitant leurs casse-têtes, trépignant, faisant des contorsions effroyables, tandis que les vieilles *sorcières* de la tribu, portant des torches, tournent en rond autour du groupe avec une rapidité vertigineuse.

Mais le trait le plus saillant de leurs mœurs est le cannibalisme. Là, voyez-vous, on mange de l'homme comme chez nous du bœuf ou du mouton. Nul remords, nulle honte : pourquoi, je vous prie? C'est si bon! c'est « de la viande ». — Quand une tribu a besoin de « viande », elle s'arme un beau soir, tombe sur la tribu voisine. Guerres effroyables, guerres de bêtes féroces, où l'on s'entre-dévore... Le vainqueur dîne des vaincus. Ne vous figurez pas, cependant, des tigres se repaissant de chair crue sur les cadavres, oh non! les choses se passent très décemment. La chair, bien dépecée et bien cuite, avec des assaisonnements convenables et des épices, est servie proprement en un festin d'apparat. La première chose que firent les naturels quand les Français abordèrent en 1863 fut d'offrir à nos officiers un beau morceau de la « chair fraîche » d'un de leurs compatriotes; la seconde,... de manger une demi-douzaine des nôtres, surpris et massacrés en trahison. — Quand on n'a pas d'ennemis, eh bien, on dévore ses proches, une vieille femme qui n'est plus bonne à rien, un vieux grand-père : c'est pour leur épargner les infirmités de l'âge! Mais souvent aussi on mange des petits enfants, — absolument comme l'ogre du Petit-Poucet, — bien rôtis, avec des ignames en guise de pommes de terre, et servis sur des feuilles de bananier tenant lieu d'assiettes : c'est délicieux!...

Partout où les civilisés sont les maîtres, de telles choses ne se passent plus, cela va sans dire; mais vers le centre de l'île, dans les tribus encore sauvages, la tradition n'est pas encore perdue. On se cache, seulement; non pas par honte, mais par peur : ces gens-là ne comprennent aucunement l'horreur que leurs festins de bêtes carnassières nous inspirent, et, tout au contraire, trouvent très ridicule qu'en Europe, après une bataille, on laisse perdre « tant de bonne viande », de quoi nourrir l'armée victorieuse pendant

PILOU-PILOU DE KANAQUES.

S. Krakow imp.

plusieurs jours.... « Car enfin, disait je ne sais quel chef kanaque, enragé consommateur de Français, s'il peut y avoir cruauté, c'est à tuer les gens, qui le sentent, et non pas à les manger, quand ils ne le sentent plus! » — Que répondrez-vous à cela, vous autres? — Certainement ce que vous répondriez ne persuaderait pas même les Kanaques des tribus soumises à l'absti-

Hutte d'un chef kanaque.

nence forcée, mais non pas converties... et qui ne se cachent guère de regretter le *bon vieux temps*, celui où l'on dînait si bien!

Ajoutons enfin qu'un certain nombre d'indigènes, élevés depuis l'enfance au contact des Européens, ont adopté les mœurs et le costume civilisés[1], envoient leurs négrillons aux écoles, se construisent des maisonnettes propres et commodes, font un peu de culture et parlent un jargon assez singulièrement mêlé de français et d'anglais. Ceux-là, sans doute, s'ils nous tuent, du moins ne nous mangeront pas....

1. Voir le dessin de la page 237.

LA MÉTAMORPHOSE DES HAVAÏENS

Une peuplade absolument sauvage qui, en moins de cinquante ans, sous l'influence des Européens, se transforme et passe à l'état de complète civilisation, c'est un phénomène intéressant et curieux, sans doute. Sauvages, ils l'étaient, ces naturels des îles volcaniques d'Havaï; figurez-vous des hommes

Jeux havaïens.

de couleur foncée et d'aspect assez rude, à peu près nus, ornés de colliers d'osselets, barbes mêlées, cheveux hérissés en broussaille; ayant des armes de l'âge de pierre, lances en bois dur, casse-têtes à pointes aiguës. Les mœurs à l'avenant : huttes misérables, à peu près point de culture, nulle industrie; les femmes, esclaves, durement traitées : des guerres cruelles, et surtout une affreuse religion avec des sacrifices humains.... On montre encore les ruines de ces espèces de temples-boucheries, où une sorte de prêtre, de *sorcier*, égorgeait les malheureuses victimes pour apaiser les dieux méchants et l'infernale *Pélé*, déesse des volcans. — Tels étaient encore en 1820 les *Kanaques* de Havaï. Mais, malgré ces coutumes barbares, il y avait au fond un naturel assez doux, surtout très éducable. Tout de suite ils comprirent les avantages de la vie nouvelle qu'on venait leur enseigner; sans hésitation ni regret, — chose rare! — ils quittèrent leurs mœurs sauvages, abandonnèrent leur sanglante religion, apprirent rapidement nos industries, les plus essentielles du moins, envoyèrent leurs enfants aux écoles. Et maintenant,

Havaïens déjeunant.

deux générations à peine passées, les Havaïens ont un gouvernement régulier et très libéral, quelques petites villes, des villages propres, des cases convenables et même de jolies maisons, des cultures de toutes sortes, surtout de cannes à sucre, du bétail, un commerce assez important, des livres, des écoles primaires, une école supérieure où l'on apprend aux jeunes gens les connaissances utiles, aux jeunes filles, en outre, non seulement les arts d'agrément, le dessin, la musique même, mais la couture et ce qu'il faut connaître pour diriger une maison. — Tous ont adopté le costume européen : les hommes, au travail des champs, se contentent d'un simple pantalon. Les femmes portent une longue robe et une sorte de tablier, auquel les plus aisées ajoutent une ceinture d'étoffe de couleurs vives, une sorte de collerette flottante et un élégant petit chapeau garni de fleurs et de plumes :

les jeunes filles sont d'habiles cavalières et se montrent passionnées pour l'exercice de l'équitation. — Le jeu national, pour les garçons, excellents nageurs, consiste à se lancer à l'eau, couchés sur des planches taillées en forme de nacelles, qu'on fait glisser du haut d'un rocher en pente jusque dans la mer, pour se livrer, au milieu des vagues écumeuses, à toutes sortes de plongeades autour de ce flotteur. — Le seul trait demeuré des anciennes superstitions est l'habitude de quelques habitants d'aller jeter dans le lac de feu toujours ardent qui remplit le cratère de leur volcan, le *Kilauea*, certains petits objets de parure en sacrifice à leur antique diablesse, la redoutable Pélé.

NOS AMIS D'OUTRE-MER

Quand nos navigateurs, au siècle dernier, abordèrent pour la première fois aux lointaines îles de Tonga et de Tahiti, eux qui étaient habitués à se voir reçus à coups de casse-têtes par « d'affreux démons noirs et tatoués », percés de flèches empoisonnées, mis en pièces parfois et quelque peu mangés, à Viti, à Bornéo et presque partout en Océanie, pensez s'ils furent ravis, en même temps étonnés de rencontrer des sauvages sans sauvagerie qui venaient à eux souriants et couronnés de fleurs, les mains pleines de fruits et d'offrandes. L'île leur apparaissait s'élevant au-dessus des eaux comme une immense corbeille de verdure, sous un ciel magnifique et un climat d'une douceur merveilleuse, pleine de palmiers, de bananiers, de tous les fruits délicieux des tropiques, entourée à distance de récifs de corail qui lui font tout autour une ceinture d'eaux calmes et bleues au milieu des eaux agitées de l'océan. Enchantés, séduits, ils s'écrièrent que c'était là « *le paradis sur la terre!* »

Il est certain que, même à l'état sauvage, les Tahitiens étaient de beaux hommes, malgré leur teint cuivré, et doués d'aimables qualités, malgré certains traits de mœurs cruelles. Ils vivaient de peu et sans peine, sous leur beau climat, dans leur île fertile, s'abritant dans des huttes de feuillage groupées en villages, se nourrissant du fruit de l'arbre à pain, de cocos, de bananes, surtout de coquillages et de poisson; portant pour tout costume une haute bande d'une sorte d'étoffe fabriquée avec des écorces légères, attachée à la taille et retombant jusqu'aux genoux. Ils se couvraient la tête de chapeaux de paille tressée ou de feuillages et de fleurs. Plus d'une coutume barbare faisait ombre au tableau ; mais ils étaient intelligents, communicatifs, très éducables ; aussi se sont-ils bien vite civilisés. — Les Tahitiens d'aujourd'hui, s'ils vont encore demi-nus à la pêche ou dans la forêt, adoptent, dans leur intérieur, un costume à peu près européen. Les cases sont proprement construites en bambous; on élève alentour des animaux domestiques, des porcs, de la volaille, on fait quelque culture. Les femmes portent des robes de vives couleurs, d'étoffes légères et éclatantes, et, par-dessus, une sorte de tablier rappelant les tabliers de nos jeunes écolières; leurs cheveux noirs, lisses, tressés ou ondés, retombent élégamment flottants sur leurs épaules. Leurs traits, un peu gros, ne sont pas sans harmonie, et tout l'ensemble est agréable et gracieux; beaucoup seraient comptées chez nous parmi les jolies femmes. Elles ont conservé, comme les hommes eux-mêmes, leur avenante

Village à Tahiti.

coutume de se couronner de fleurs. Les Tahitiens sont un peuple insouciant, gai, ami du plaisir; leur langue est douce à prononcer, presque dépourvue de consonnes; ils aiment fort la musique et les chants, les fêtes, les festins, le rire, la conversation des étrangers, les soirées passées à voisiner d'une case à l'autre, par-dessus tout leurs danses, qui sont très vives et très joyeuses. La journée, trop chaude, est consacrée à la sieste; on la passe sur des nattes, dans les cases ou à l'ombre des bananiers, à dormir ou à causer languissamment en suçant des oranges que l'île produit en abondance. Ce n'est que vers quatre heures du soir que commencent les travaux ou les fêtes. A huit heures, les rues de la petite capitale de l'île, Papéete, sont fort animées; et le mouvement de la population mêlée d'Européens et d'indigènes, les jeux bruyants, les chants, les promenades se prolongent assez tard dans la nuit.

TERRE PERDUE

(ILE DE PAQUES)

Un îlot isolé, perdu au milieu de l'immense nappe du Pacifique, fait de laves et de cendres volcaniques, peu fertile et d'aspect triste, presque dépeuplé, telle est l'*île de Pâques*, dont on ne parlerait guère, si elle n'offrait à l'observation et à la rêverie un fait singulier : un peuple disparu dont le sou-

Statues de l'île de Pâques.

venir même est effacé, et qui n'a laissé pour trace que des monuments étranges, sans pareils sur la terre. Ces monuments, dont la signification est inconnue, sont des pierres dressées, taillées comme d'énormes statues, mais figurant seulement des *faces* humaines d'un profil bizarre, et qui ont jusqu'à sept mètres de hauteur. Elles sont disposées par groupes, au nombre de plus d'une centaine, sur la pente et dans le cratère même d'un volcan éteint, près des blocs de roche dont elles ont été tirées ; quelques-unes sont restées inachevées, non détachées encore de la masse, ou bien couchées. Ceux qui ont érigé ces curieuses sculptures devaient avoir atteint un certain degré de civilisation, car on a retrouvé des plaques de bois gravées, couvertes d'une sorte d'écriture, restée indéchiffrable. Les habitants actuels sont d'une autre origine et ressemblent beaucoup aux Tahitiens; fort doux et bienveillants, assez bons agriculteurs, ils ont adopté le costume et les mœurs des Européens. Leur reine, veuve d'un colon français, gouverne maternellement son *peuple*... ou plutôt une grande famille d'une centaine de membres.

FIN

TABLE

733. — Imprimerie A. Lahure, rue de Fleurus, 9, à Paris.

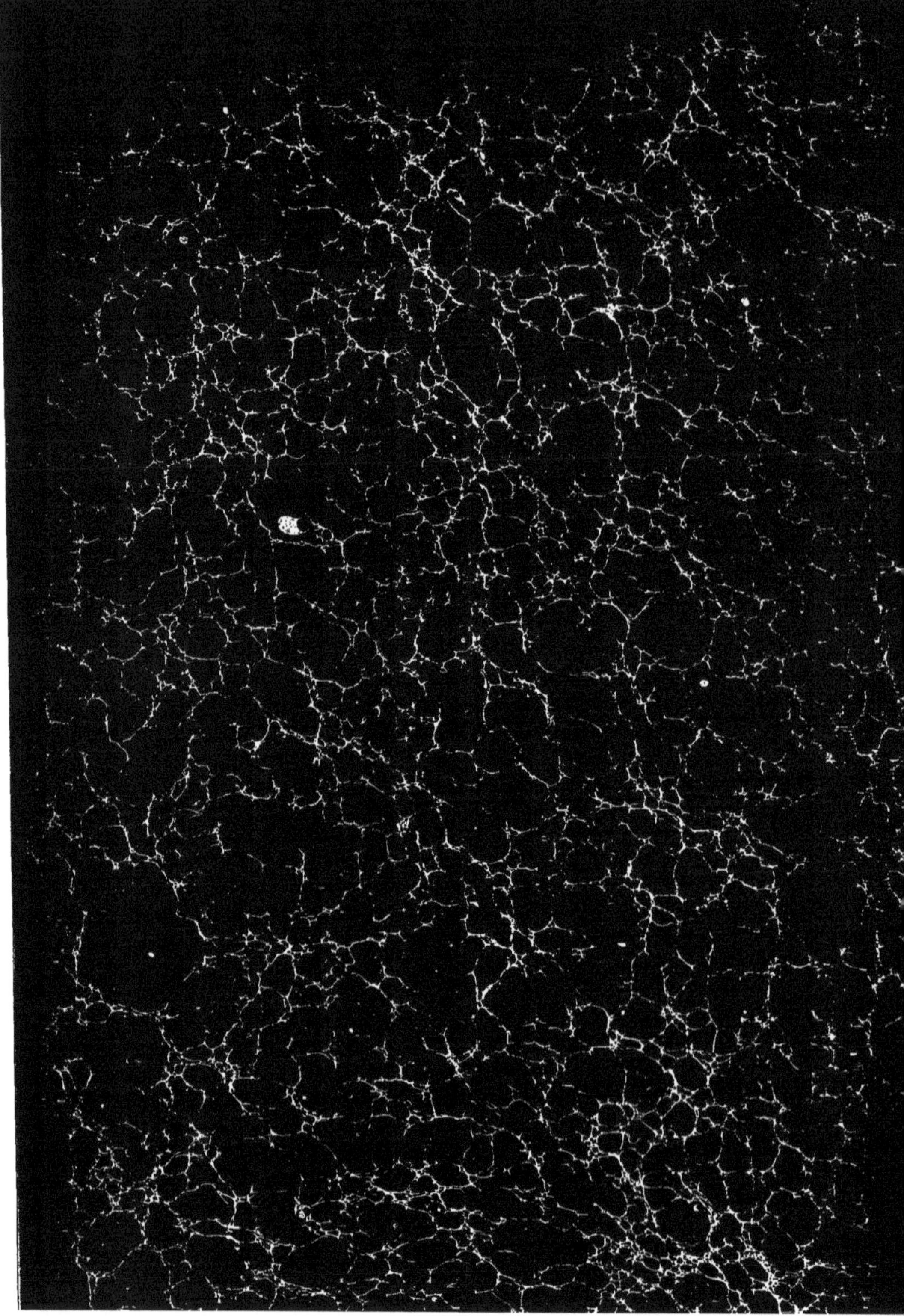

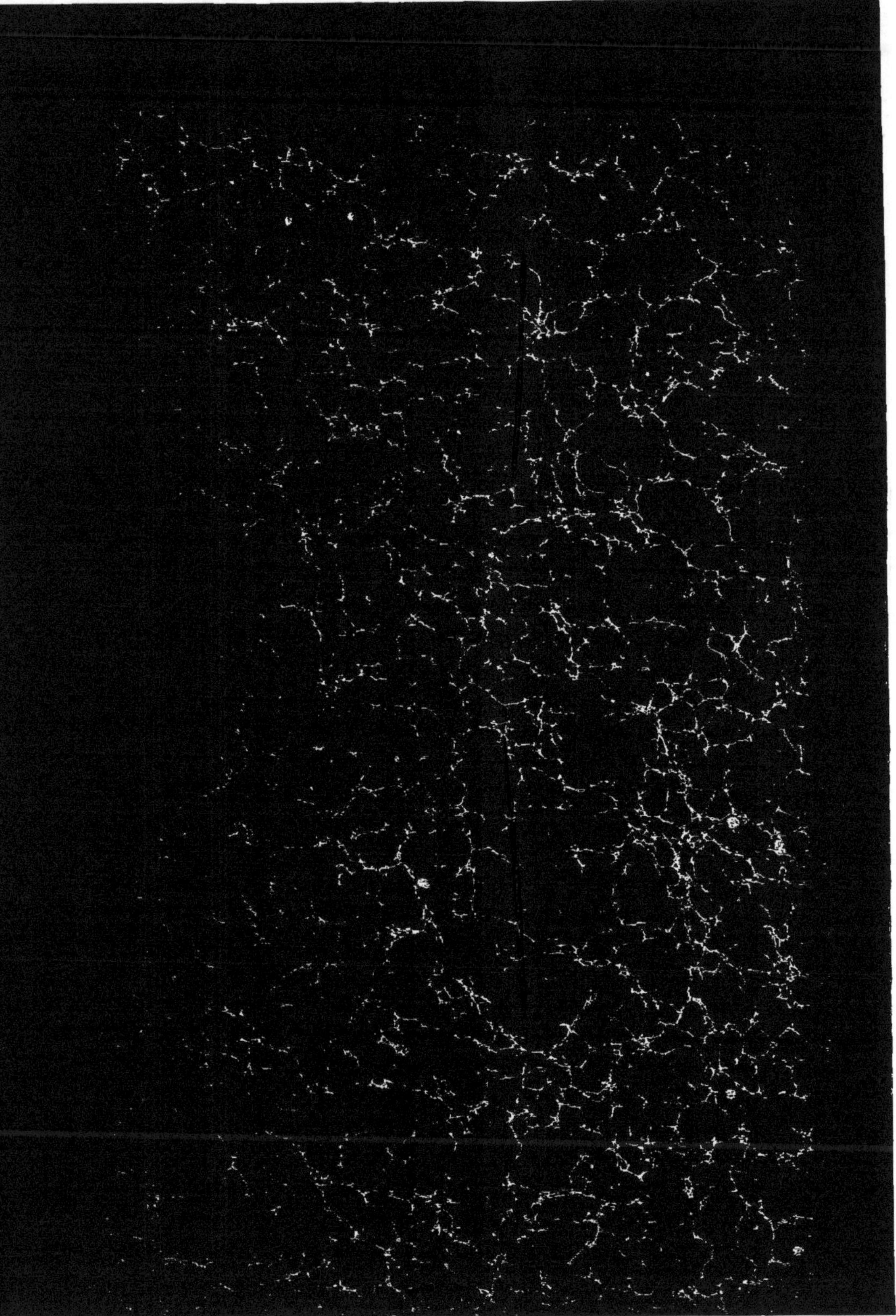

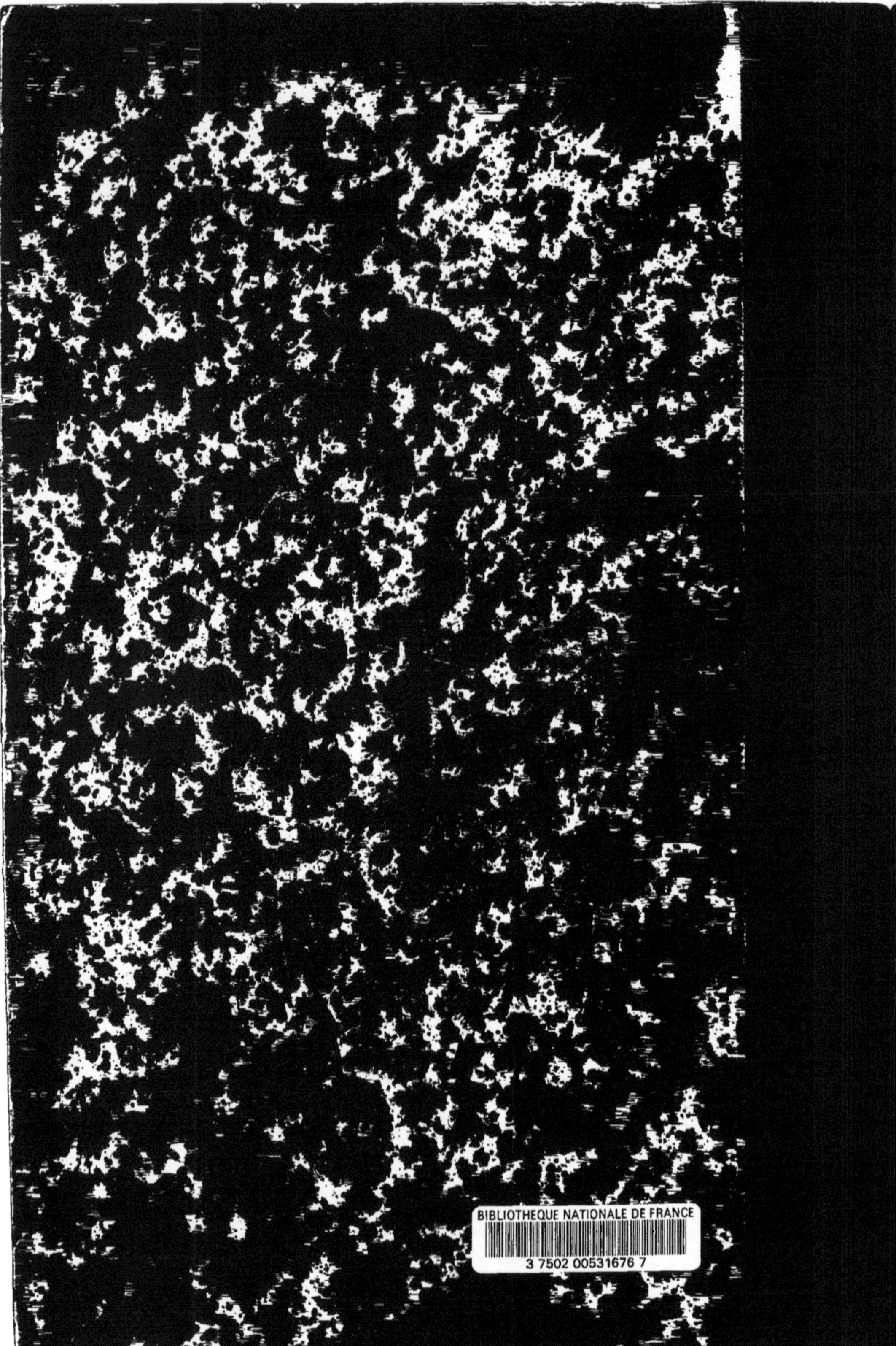

www.ingramcontent.com/pod-product-compliance
Ingram Content Group UK Ltd.
Pitfield, Milton Keynes, MK11 3LW, UK
UKHW020114200726
13856UKWH00002B/547